PADRES BRILLANTES, MAESTROS FASCINANTES

AUGUSTO CURY

PADRES BRILLANTES, MAESTROS FASCINANTES

La educación inteligente:
formando jóvenes pensantes y felices

OCEANO

PADRES BRILLANTES, MAESTROS FASCINANTES
La educación inteligente: formando jóvenes pensantes y felices

Título original: PAIS BRILHANTES, PROFESSORES FASCINANTES.
    A educação inteligente: formando jovens pensadores e felizes

© 2003, 2022, Augusto Cury

Traducción: Pilar Obón

Diseño de portada: Departamento de Arte de Océano
Imagen de portada: Getty Images/Henrik Sorensen
Fotografía del autor: © Instituto Academia de Inteligência

D. R. © 2022, Editorial Océano de México, S.A. de C.V.
Guillermo Barroso 17-5, Col. Industrial Las Armas
Tlalnepantla de Baz, 54080, Estado de México
info@oceano.com.mx

Primera edición en Océano: 2022

ISBN: 978-607-557-655-8

Impreso en México / Printed in Mexico

Índice

Parte 2

SIETE HÁBITOS DE LOS BUENOS MAESTROS Y DE LOS MAESTROS FASCINANTES

Parte 3
LOS SIETE PECADOS CAPITALES DE LOS EDUCADORES

Parte 4
LOS CINCO PAPELES DE LA MEMORIA HUMANA

Prólogo

Es una inmensa satisfacción personal y profesional saber que este libro ha vendido más de un millón de ejemplares en decenas de países, y ha logrado llegar a personas de distintas culturas y retarlas intelectualmente con su mensaje. Escribí *Padres brillantes, maestros fascinantes* no para los héroes, sino para aquellos que saben que educar es practicar el más bello y complejo arte de la existencia. Educar es tener esperanza en el futuro, aunque el presente nos decepcione. Es sembrar con sabiduría y cosechar con paciencia. Es ser un gambusino que busca los tesoros del corazón.

Ésa es la meta de todos los educadores que procuran la excelencia, que buscan conocer el funcionamiento de la mente, que estimulan en los jóvenes el arte de pensar, observar e interiorizar.

En este libro presento herramientas que ayudan a formar pensadores y enseñan a expandir la emoción, a ampliar los horizontes de la inteligencia y a producir calidad de vida. Hablará al corazón de los padres y maestros que luchan por el mismo sueño: el desarrollo de la salud psíquica, de la felicidad y de las funciones más importantes de la inteligencia.

Los padres y maestros que se rigen por demasiadas reglas y son excesivamente lógicos son aptos para operar máquinas, pero no para orientar a seres humanos. Los padres y maestros que son especialistas en señalar las fallas y criticar los errores pueden estar habilitados para administrar empresas, pero no para formar pensadores.

No podemos controlar el proceso de la formación de la personalidad de nuestros jóvenes. Es necesario tener madurez, flexibilidad, creatividad, capacidad de sorprender; en fin, es preciso trabajar los hábitos de los padres brillantes y de los maestros fascinantes para contribuir a que nuestros hijos y alumnos tengan mentes saludables, inventivas, osadas, resilientes, seguras, altruistas, tolerantes, pacientes y generosas.

Piense en los desafíos de trabajar el territorio de la mente de los niños y los adolescentes para que aprendan a pensar antes de reaccionar y a exponer, no a imponer, sus ideas. ¿Cómo estimular ese noble fenómeno psíquico? Piense en las dificultades de enseñar a los jóvenes a proteger su emoción. ¿Cómo trabajar esa noble función de la inteligencia si nosotros, los adultos, rara vez la conocemos o pensamos en ella?

Piense en la jornada educativa que los padres y los maestros deben emprender en fortalecer la psique de los adolescentes para que aprendan a gestionar sus pensamientos, debatir ideas, lidiar con las pérdidas, expresar sus opiniones y respetar a los que piensan en forma diferente.

Educar es un gran reto. Tal vez el mayor de todos. Mi intención es procurar orientarle en esta compleja y fascinante jornada.

A través de mi experiencia como psiquiatra, escritor e investigador de la psicología he ayudado a muchas personas a cambiar el rumbo de sus vidas y a contemplar la educación con otros ojos. Espero seguir contribuyendo a la formación de pensadores, no sólo en el salón de clases, sino también en casa y en las empresas.

Este libro está dedicado a todos los padres y maestros, a los psicólogos, a los profesionales de recursos humanos, a los jóvenes y a todos aquellos que deseen conocer algunos de los secretos de la personalidad, el funcionamiento de la mente y enriquecer sus relaciones.

Colina, septiembre de 2010

Hacia dónde se dirige la juventud

Hay todo un mundo por descubrir dentro de cada niño
y cada joven. El único que no logra descubrirlo es el
que está encarcelado dentro de su propio mundo.

Nuestra generación quiso darles lo mejor a los niños y a los jóvenes. Tuvimos grandes sueños para ellos. Procuramos darles los mejores juguetes, ropa, viajes y escuelas. No queríamos que anduvieran en la lluvia, que se lastimaran en las calles, se hirieran con los juguetes caseros ni vivieran las dificultades por las que nosotros pasamos.

Pusimos un televisor en la sala. Algunos padres, con más recursos, colocaron un televisor y una computadora en el cuarto de cada hijo. Otros llenaron a sus hijos de actividades, inscribiéndolos en cursos de inglés, música, computación.

Tuvieron una excelente intención, pero no sabían que los niños necesitaban vivir su infancia, que tenían que inventar, correr riesgos, frustrarse, dedicar tiempo para jugar y encantarse con la vida. No imaginaron el grado en que la creatividad, la felicidad, la osadía y la seguridad del adulto dependían de las matrices de la memoria y de la energía emocional del niño. No comprendieron que la televisión, los juguetes manufacturados, el internet y el exceso de actividades obstruían la infancia de sus hijos.

Creamos un mundo artificial para los niños, y pagamos por ello un altísimo precio. Produjimos serias consecuencias en el territorio de la emoción, en el anfiteatro de los pensamientos y no solo en sus memorias. Veamos algunas consecuencias.

Obstruir la inteligencia de los niños y adolescentes

Esperábamos que, en el siglo XXI, los jóvenes fueran solidarios, emprendedores y amaran el arte de pensar. Pero muchos viven alienados, no piensan en el futuro, no tienen garra ni proyectos de vida.

Imaginábamos que el hecho de aprender idiomas en la escuela y pasar la vida apretujados en los elevadores, en el sitio de trabajo y en los clubes, resolvería la soledad. Pero las personas no aprendieron a hablar de sí mismas, tienen miedo de exponerse, viven constreñidas en su propio mundo. *Padres e hijos viven aislados, rara vez lloran juntos o comentan sobre sus sueños, penas, alegrías, frustraciones.*

En la escuela, la situación es peor. Maestros y alumnos conviven por años dentro del salón de clases, pero son extraños entre sí. Se esconden detrás de los libros, de los currículos, de las computadoras. ¿Tienen la culpa los ilustres maestros? ¡No! La culpa, como veremos, es del sistema educativo enfermo que venimos arrastrando desde hace siglos.

Los niños y los jóvenes aprenden a lidiar con hechos lógicos, pero no saben lidiar con los errores y los fracasos. Aprenden a resolver problemas matemáticos, pero no saben resolver sus conflictos existenciales. Son entrenados para hacer cálculos acertados, pero la vida está llena de contradicciones; no es posible calcular las emociones, no hay un cálculo exacto para ellas.

¿Están preparados los jóvenes para lidiar con las decepciones? ¡No! Sólo se les entrena para el éxito. Vivir sin problemas es imposible. El sufrimiento nos construye o nos destruye. Debemos usar el sufrimiento para edificar la sabiduría. Pero ¿a quién le importa la sabiduría en la era de la informática?

Nuestra generación ha producido más información que ninguna otra. Pero no sabemos qué hacer con ella. Rara vez usamos esa información para expandir nuestra calidad de vida. ¿Usted hace cosas que están fuera de su agenda y que le dan placer? ¿Procura gestionar sus pensamientos para tener una mente más tranquila? *Nos estamos convirtiendo en máquinas de trabajar y estamos transformando a nuestros niños en máquinas de aprender.*

Usar equivocadamente los papeles de la memoria

Hacemos de la memoria de nuestros niños un banco de datos. ¿Tiene la memoria esa función? ¡No! Veremos que durante siglos la memoria fue utilizada en forma equivocada por la escuela. ¿Existen los recuerdos? Innumerables maestros y psicólogos de todo el mundo creen sin asomo de duda que existen los recuerdos. ¡Equivocado! ¡No existe un recuerdo puro del pasado, el pasado siempre *se reconstruye!* Es bueno sorprendernos con esta afirmación. El pasado siempre se reconstruye con micro o macrodiferencias en el presente.

Veremos que hay diversos conceptos erróneos en la ciencia sobre el fantástico mundo del funcionamiento de la mente y la memoria humanas. Estoy convencido, como psiquiatra y como autor de una de las pocas teorías actuales sobre el proceso de construcción del pensamiento, de que estamos obstruyendo la inteligencia de los niños y el placer de vivir con el exceso de información que les estamos ofreciendo. *Nuestra memoria se volvió un depósito de información inútil.*

La mayor parte de la información que aprendemos no será organizada en la memoria ni utilizada en las actividades intelectuales. Imagine un albañil que toda su vida acumuló piedras para construir una casa. Después de edificarla, no sabe qué hacer con las pilas de piedras que sobraron. Gastó inútilmente la mayoría de su tiempo.

El conocimiento se multiplicó, y el número de escuelas se expandió como en ninguna otra época, pero no estamos produciendo pensadores. La mayoría de los jóvenes, incluyendo a los universitarios, acumula pilas de "piedras", pero construye muy pocas ideas brillantes. No es por casualidad que hayan perdido el placer de aprender. La escuela dejó de ser una aventura agradable.

En forma paralela, los medios los sedujeron con estímulos rápidos y digeridos. Ellos se volvieron amantes de la *fast food* emocional. La televisión transporta a los jóvenes, sin que ellos hagan esfuerzo alguno, al interior de un excitante partido deportivo o de una aeronave, al centro de una guerra y al núcleo de un dramático conflicto policiaco.

Ese bombardeo de estímulos está lejos de ser inofensivo. Actúa en un fenómeno inconsciente de mi área de investigación, llamado psicoadaptación, que aumenta el umbral del placer por la vida real. Con el tiempo, los niños y adolescentes pierden el placer por los pequeños estímulos de la rutina diaria.

Necesitan hacer muchas cosas para obtener un poco de placer, lo que genera personalidades fluctuantes, inestables, insatisfechas. Tenemos una compleja industria del ocio. Deberíamos tener la generación de jóvenes más felices que hayan puesto el pie en esta Tierra. Pero producimos una generación de insatisfechos.

Estamos informando, no formando

No estamos educando la emoción ni estimulando el desarrollo de las funciones más importantes de la inteligencia, tales como contemplar lo bello, pensar antes de reaccionar, exponer y no imponer las ideas, gestionar los pensamientos, tener un espíritu emprendedor. Estamos informando a los jóvenes, pero no estamos formando su personalidad.

Los jóvenes conocen cada vez más del mundo en el que están, pero casi nada sobre el mundo que son. Como máximo conocen la sala de recepción de su propia personalidad. ¿Quiere una soledad peor que ésta? ¡El ser humano es un extraño para sí mismo! La educación se volvió seca, fría y sin condimento emocional. Los jóvenes rara vez saben pedir perdón, reconocer sus límites, ponerse en el lugar de los demás. ¿Cuál es el resultado?

Nunca fue tan grande el conocimiento médico y psiquiátrico, y nunca tuvieron las personas tantos trastornos emocionales y tantas enfermedades psicosomáticas. La depresión rara vez alcanzaba a los niños. Hoy hay muchos niños deprimidos y sin encanto por la vida. Los preadolescentes y adolescentes están desarrollando obsesiones, síndrome del pánico, fobias, timidez, agresividad y otros trastornos de ansiedad.

Millones de jóvenes se están drogando. No comprenden que las drogas pueden arruinar etapas de la vida, llevarlos a envejecer rápidamente en su emoción. Los placeres momentáneos brindados por las drogas destruyen la gallina de los huevos de oro de la emoción. He conocido y tratado a innumerables jóvenes consumidores de drogas, pero no encontré a ninguno que fuera feliz.

¿Y el estrés? No sólo es común que detectemos adultos estresados, sino también jóvenes y niños. Ellos sufren con frecuencia de dolor de cabeza, gastritis, dolores musculares, sudor excesivo, fatiga constante de trasfondo emocional.

Es preciso que archivemos esta frase y que no la olvidemos jamás: cuanto peor sea la calidad de la educación, más importante será el papel de la psiquiatría en este siglo. ¿Contemplaremos pasivamente a la industria de los antidepresivos y los tranquilizantes convertirse en una de las más poderosas del siglo XXI? ¿Observaremos pasivamente cómo nuestros hijos caen víctimas del sistema social que hemos creado? ¿Qué hacer ante esta problemática?

En busca de padres brillantes y maestros fascinantes

Debemos buscar soluciones que ataquen directamente el problema. Es necesario saber algo sobre el funcionamiento de la mente y cambiar algunos pilares de la educación. Las teorías ya no funcionan. Los buenos maestros están estresados y generando alumnos que no están preparados para la vida. Los buenos padres están confundidos y generando hijos con conflictos. Sin embargo, existe una gran esperanza, si bien no hay soluciones mágicas.

Actualmente no basta con ser bueno, pues la crisis de la educación impone que busquemos la excelencia. Los padres deben adquirir los hábitos de los padres brillantes para revolucionar la educación. Los maestros tienen que incorporar los hábitos de los educadores fascinantes para actuar con eficiencia en el pequeño e infinito mundo de la personalidad de sus alumnos.

Cada hábito que inculquen los educadores podrá contribuir a desarrollar características fundamentales de la personalidad de los jóvenes. Hay más de cincuenta de estas características. Sin embargo, rara vez un joven posee cinco de ellas bien fundamentadas.

Necesitamos ser educadores muy por encima de la media si queremos formar seres humanos inteligentes y felices, capaces de sobrevivir en esta sociedad estresante. La buena noticia es que padres ricos o pobres, maestros de escuelas ricas o necesitadas pueden igualmente practicar los hábitos y técnicas que proponemos aquí.

Un excelente educador no es un ser humano perfecto, sino alguien que tiene la serenidad para dar de sí y la sensibilidad para aprender.

PARTE 1

SIETE HÁBITOS DE LOS BUENOS PADRES Y DE LOS PADRES BRILLANTES

Los hijos no necesitan padres gigantes,
sino seres humanos que hablen su idioma
y sean capaces de penetrar en su corazón.

1

Los buenos padres dan regalos, los padres brillantes dan su propio ser

Este hábito de los padres brillantes contribuye
a desarrollar en sus hijos: autoestima, protección
de la emoción, capacidad de trabajar las pérdidas
y frustraciones, de filtrar estímulos estresantes,
de dialogar, de escuchar.

Los buenos padres atienden, dentro de sus posibilidades, los deseos de sus hijos. Les hacen fiestas de cumpleaños, les compran calzado deportivo, ropa, productos electrónicos; les proporcionan viajes. Los padres brillantes dan a sus hijos algo incomparablemente más valioso. Algo que todo el dinero del mundo no puede comprar: su ser, su historia, sus experiencias, sus lágrimas, su tiempo.

Los padres brillantes, cuando están en condiciones de hacerlo, dan regalos materiales a sus hijos, pero no los estimulan a ser consumistas, pues saben que el consumismo puede dañar la estabilidad emocional, generar tensión y el gusto por placeres superficiales. Los padres que viven en función de dar regalos a sus hijos son recordados por un momento. Los padres que se preocupan por dar su historia a sus hijos se vuelven inolvidables.

¿Usted quiere ser un padre o una madre brillante? Tenga el valor de hablar con sus hijos sobre los días más tristes de su vida. Atrévase a contarles sus dificultades del pasado. Hable de sus aventuras, de sus sueños y de los momentos más alegres de su existencia. Humanícese. Transforme la relación con sus hijos en una aventura. Sea consciente de que educar es adentrarse uno en el mundo del otro.

Muchos padres trabajan para dar el mundo a sus hijos, pero se olvidan de abrir para ellos el libro de su vida. Por desgracia, sus hijos sólo van a admirarlos el día en que mueran. ¿Por qué es fundamental para la formación de la personalidad de los hijos el que los padres se dejen conocer?

Porque ésta es la única manera de educar la emoción y crear vínculos sólidos y profundos. Cuanto menor es la vida de un animal, menos dependiente es de sus progenitores. En los mamíferos hay una gran dependencia de los hijos en relación con sus padres, pues ellos *necesitan* no sólo el instinto, sino aprender experiencias de sus padres para poder sobrevivir.

Esa dependencia es intensa en nuestra especie. ¿Por qué? Porque las experiencias aprendidas son más importantes que las instintivas. Un niño de siete años es muy inmaduro y dependiente de sus padres, mientras que muchos animales de la misma edad ya han envejecido.

¿Cómo se da ese aprendizaje? Yo podría escribir cientos de páginas sobre el asunto, pero en este libro comentaré sólo algunos fenómenos involucrados en el proceso. El aprendizaje depende del registro diario de miles de estímulos externos (visuales, auditivos, táctiles) e internos (pensamientos y reacciones emocionales) en las matrices de la memoria. Anualmente archivamos millones de experiencias. A diferencia de las computadoras, el registro en nuestra memoria es involuntario, producido por el fenómeno RAM (registro automático de la memoria).

Los vínculos definen la calidad de la relación

¿Qué registran sus hijos de usted? ¿Las imágenes negativas o las positivas? Todas. Ellos archivan diariamente sus comportamientos, sean inteligentes o estúpidos. Usted no lo percibe, pero ellos lo están fotografiando a cada instante.

Lo que genera los vínculos inconscientes no es sólo lo que usted les dice, sino también lo que ellos ven en usted. Muchos padres dicen cosas maravillosas a sus niños, pero tienen pésimas reacciones frente a ellos: son intolerantes, agresivos, parciales, mentirosos. Con el tiempo se crea un abismo emocional entre padres e hijos. Poco afecto, pero muchos conflictos y críticas.

Lo que queda registrado ya no puede ser borrado, sólo reeditado a través de nuevas experiencias superpuestas a experiencias antiguas. La reedición es un proceso posible, pero complicado. La imagen que su hijo construyó de usted no puede eliminarse, sólo puede ser reescrita. Construir una excelente imagen establece la riqueza de la relación que usted tendrá con sus hijos.

Otro papel importante de la memoria es que la emoción define la calidad del registro. Todas las experiencias que poseen un alto volumen emocional provocan un registro privilegiado. El amor y el odio, la alegría y la angustia *provocan* un registro intenso.

Los medios descubrieron, sin tener conocimientos científicos, que anunciar las miserias humanas atrapa la emoción y genera concentración. De hecho, los accidentes, las muertes, las enfermedades y los secuestros crean un alto volumen de tensión, lo cual conduce a un registro privilegiado de dichas imágenes. Así, nuestra memoria se convirtió en un basurero. No es casualidad que el hombre moderno sea un ser intranquilo, que sufre por anticipación y tiene miedo al mañana.

Es más barato perdonar

Si usted tiene un enemigo es más barato perdonarlo. Hágalo por usted mismo. En caso contrario, el fenómeno RAM lo archivará en forma privilegiada. El enemigo dormirá con usted y perturbará su sueño. Comprenda sus fragilidades y perdónelas, pues sólo así usted será libre de él. *Enseñe a sus hijos a hacer del escenario de su mente un teatro de alegría, no un escenario de terror.* Aliéntelos a perdonar a las personas que los decepcionan. Explíqueles este mecanismo.

Nuestras agresividades, rechazos y actitudes involuntarias pueden crear un alto volumen de tensión emocional en nuestros hijos y crear cicatrices que duran por siempre. Tenemos que entender cómo se organizan las características enfermizas de la personalidad.

El mecanismo psíquico es el siguiente: una experiencia dolorosa queda registrada automáticamente en el centro de la memoria. A partir de ahí, ella trabaja continuamente, dando origen a miles de otros pensamientos. Esos pensamientos son registrados otra vez, y generan las llamadas zonas de conflicto en el inconsciente.

Si usted cometió un error con su hijo, no basta sólo con ser complaciente con él en un segundo momento. Peor aún, no intente compensar su agresividad comprándole o dándole cosas. De este modo, él lo manipulará y no lo amará. Usted sólo reparará su actitud y reeditará la película del inconsciente si se adentra en el mundo de su hijo, si reconoce su propia exageración, si habla con él sobre su actitud. *Declare a sus hijos que ellos no están al margen de su vida, sino en las páginas centrales de su historia.*

En los divorcios, es común que el padre prometa a los hijos que jamás los abandonará. Pero cuando baja la temperatura de la culpa, algunos padres también se divorcian de sus hijos. Los hijos pierden su presencia, a veces no física, sino emocional. Los padres dejan de disfrutar, sonreír, elogiar y tener momentos agradables con sus hijos.

Cuando eso sucede, el divorcio genera secuelas físicas. Si se aclaran las cosas, si la relación sigue siendo poética y afectuosa, los hijos sobrevivirán la turbulencia de la separación de sus padres y podrán madurar.

Sus hijos no necesitan gigantes

Debe existir la individualidad, pues es el cimiento de la identidad de la personalidad. No hay homogeneidad en el proceso de aprender y en el desarrollo de los niños (Vygotsky, 1987). No hay dos personas iguales en el universo. Pero el individualismo es perjudicial. Una persona individualista quiere que el mundo gire alrededor de su órbita, su satisfacción está en primer lugar, incluso si eso implica el sufrimiento de los demás.

Una de las causas del individualismo entre los jóvenes es que los padres no entrecruzan su historia con la de sus hijos. Aunque tenga mucho trabajo, destine un poco de tiempo para crear grandes momentos de convivencia con sus hijos. Ruede en la alfombra. Haga poemas. Juegue, sonría, suéltese. Pertúrbelos placenteramente.

Cierta vez, un hijo de nueve años preguntó a su padre, que era médico, cuánto cobraba la consulta. El padre le dijo el precio. Pasado un mes, el hijo se acercó al padre, sacó algunos billetes de su bolsillo, vació su alcancía de monedas y le dijo con los ojos llenos de lágrimas: "Padre, hace tiempo que quiero hablar contigo, pero tú no tienes tiempo. Logré juntar el precio de una consulta. ¿Puedes hablar conmigo?".

Sus hijos no necesitan gigantes, necesitan seres humanos. No necesitan ejecutivos, médicos, empresarios, administradores de empresas, sino de usted, así como usted es. Adquiera el hábito de abrir su corazón a sus hijos y déjelos registrar una imagen excelente de su personalidad. ¿Sabe lo que ocurrirá?

Ellos se enamorarán de usted. Sentirán placer al buscarlo, al estar cerca de usted. ¿Qué es mejor que esto? La crisis financiera, las pérdidas o las dificultades podrán arremeter contra su relación, pero si ésta tiene buenos cimientos, nada la destruirá.

De vez en cuando, salga con sólo uno de sus hijos y vayan a comer, o realice actividades diferentes con él. Dígale cuán importante es para usted. Pregúntele sobre su vida. Hable de su trabajo y sus propios desafíos. Permita que sus hijos participen de su vida. *Ninguna técnica psicológica funcionará si el amor no funciona.*

Si usted está enfrentando una guerra en el trabajo, pero tiene paz al llegar a casa, será un ser humano feliz. Pero si tuviera alegría fuera de casa y viviera una guerra en su familia, la infelicidad será su compañera.

Muchos hijos reconocen el valor de sus padres, pero no lo suficiente como para admirarlos, respetarlos, tenerlos como maestros de vida. Los padres que tienen dificultades con sus hijos no deben sentirse culpables. La culpa paraliza el alma. Nada es definitivo en la personalidad humana.

Usted puede y debe revertir ese cuadro. Tiene experiencias riquísimas que transforman su historia en una película más interesante que las de Hollywood. Si usted duda de esto es porque tal vez no se conoce o, todavía peor, ni siquiera se admira a sí mismo.

Libere a ese niño feliz que está dentro de usted. Libere al joven alegre que vive en su emoción, aunque sus cabellos ya hayan encanecido. Es posible recuperar los años. Deje que sus hijos descubran su mundo.

Ábrase, llore y abrácelos. *Llorar y abrazar son más importantes que darles fortunas o hacerles muchas críticas.*

2

Los buenos padres nutren el cuerpo, los padres brillantes nutren la personalidad

Este hábito de los padres brillantes contribuye a desarrollar: reflexión, seguridad, liderazgo, coraje, optimismo, superación del miedo, prevención de conflictos.

Los buenos padres cuidan la nutrición física de sus hijos. Los estimulan a tener una buena dieta, con alimentos saludables, tiernos y frescos. Los padres brillantes van más allá. Saben que la personalidad necesita una excelente nutrición psíquica. Se preocupan por los alimentos que enriquecen la inteligencia y la emoción.

Antiguamente, una familia estructurada era una garantía de que los hijos desarrollarían una personalidad saludable. Hoy en día, los buenos padres están produciendo hijos ansiosos, alienados, autoritarios, angustiados. Muchos hijos de médicos, jueces, empresarios están atravesando grandes conflictos. ¿Por qué padres inteligentes y saludables han contribuido a enfermar a sus hijos?

Porque la sociedad se volvió una fábrica de estrés. No tenemos control sobre el proceso de formación de la personalidad de nuestros hijos. Nosotros los creamos y los ponemos en contacto desde edades muy tempranas con un sistema social controlador (Foucault, 1998).

Diariamente, ellos entran en contacto con miles de estímulos seductores que se infiltran en las matrices de su memoria. Por ejemplo, los padres enseñan a los hijos a ser solidarios y a consumir lo necesario, pero el sistema promueve el individualismo y a consumir sin necesidad.

¿Quién gana en esa competencia? El sistema social. La cantidad de estímulos y la presión emocional que el sistema ejerce en el núcleo de los jóvenes son intensas. Casi no hay libertad de elección.

Tener cultura, buena situación financiera, excelente relación conyugal y propiciar una buena escuela para los jóvenes no basta para contribuir a una salud psíquica. Cualquier animal sólo logra escapar de las garras de un depredador si tiene grandes habilidades. Prepare a sus hijos para que sobrevivan en las aguas turbulentas de la emoción y desarrollen capacidad crítica. Sólo así podrán filtrar los estímulos estresantes. Serán libres para elegir y decidir.

Los padres que no enseñan a sus hijos a tener una visión crítica de los comerciales, de los programas de televisión, de la discriminación social, los convierten en presas fáciles del sistema depredador. Para este sistema, por más ético que pretenda ser, su hijo es sólo un consumidor en

potencia y no un ser humano. *Prepare a su hijo para "ser",*
pues el mundo lo preparará para "tener".

Alimente la inteligencia

Los buenos padres enseñan a sus hijos a cepillarse los dientes; los padres brillantes los enseñan a hacer una higiene psíquica. Innumerables padres imploran diariamente a sus hijos que estén atentos a su higiene bucal. Pero ¿y la higiene mental? ¿De qué sirve prevenir las caries, si la emoción de los niños se convierte en un bote de basura de pensamientos negativos, manías, miedos, reacciones impulsivas y reclamos sociales?

Por favor, enseñe a los jóvenes a proteger su emoción. Todo lo que afecta frontalmente la emoción impacta de modo drástico la memoria y constituirá la personalidad. Cierta vez, un excelente jurista me dijo en el consultorio que si hubiera sabido proteger su emoción desde pequeño, su vida no habría sido un drama. Él había sido rechazado de niño por alguien cercano, porque tenía un defecto en la cara. El rechazo controló su alegría. El defecto no era grande, pero el fenómeno RAM lo registró y lo realimentó. No tuvo infancia. Se escondía de las personas. Vivía solo en medio de la multitud.

Ayude a sus hijos a no ser esclavos de sus problemas. Alimente su anfiteatro de los pensamientos y su territorio de la emoción con coraje y osadía. No se conforme si acaso ellos son tímidos e inseguros.

El "yo", que representa la voluntad consciente o la libertad de decidir, tiene que ser entrenado para convertirse en un líder y no en alguien presuntuoso. Ser líder no quiere decir tener la capacidad para resolverlo todo y asumir cada uno de los problemas que nos rodean. Los problemas siempre existirán. Si fueran solucionables, tenemos que resolverlos. Si no estamos en condiciones de resolverlos, debemos aceptar nuestras limitaciones. Pero jamás debemos gravitar en su órbita.

Si usted tuviera la capacidad de entrar en el escenario de la mente de los jóvenes, constataría que muchos están siendo atormentados por pensamientos ansiosos. Algunos se angustian con los exámenes escolares. Otros, con cada curva del cuerpo que detestan. Aun otros piensan que nadie los quiere. Muchos jóvenes tienen una pésima autoestima. Cuando la autoestima baja, muere la alegría.

Cierta vez, un joven de dieciséis años me buscó después de una conferencia. Dijo que diariamente menoscababa su tranquilidad al pensar en que un día se haría viejo y moriría. Estaba comenzando su vida, pero ya se perturbaba por su fin. ¿Cuántos jóvenes no estarán sufriendo, sin que ni siquiera sus padres o sus maestros miren dentro de su corazón? Ellos sufren en silencio. Después de cerrar las páginas de este libro, converse con ellos.

¿Qué educación es ésta que habla sobre el mundo en el que estamos y guarda silencio sobre el mundo que somos? Siempre pregunte a sus hijos: "¿Qué está pasando contigo?", "¿Me necesitas?", "¿Has sufrido alguna decepción?", "¿Qué puedo hacer para que seas más feliz?".

¿De qué sirve que usted cuide diariamente la nutrición de los trillones de células de sus hijos, pero descuide la nutrición psicológica? ¿De qué sirve tener un cuerpo saludable si son infelices, inestables, desprotegidos emocionalmente, si rehúyen de sus problemas, tienen miedo de las críticas, no saben recibir un "no"? Ningún padre en el mundo daría a sus hijos alimentos echados a perder, pero eso es lo que hacemos con la nutrición psicológica. No nos damos cuenta de que todo lo que ellos archivan controlará sus personalidades.

Alimente la personalidad de sus hijos con sabiduría y tranquilidad. Hable de sus peripecias, de sus momentos de titubeo, de los valles emocionales que atravesó. No permita que el suelo de su memoria se transforme en una tierra de pesadillas, sino en un jardín de sueños.

No olvide que tropezamos con las pequeñas piedras, no con las montañas. Las pequeñas piedras del inconsciente se transforman en grandes colinas.

El pesimismo es un cáncer del alma

Puede ser que usted no tenga dinero, pero si es rico en el buen sentido será un padre o una madre brillante. Si contagia a sus hijos con sus sueños y entusiasmo, la vida será enaltecida. Si fuera un especialista en reclamar, si demuestra miedo a la vida, temor por el mañana, con preocupaciones excesivas sobre la salud, estará paralizando la inteligencia y la emoción de sus hijos.

¿Sabe cuánto tiempo tarda un conflicto psíquico, sin tratamiento y sin fondo genético, en remitir espontáneamente? A veces, tres generaciones. Por ejemplo, si un padre está obsesionado con las enfermedades, uno de los hijos podrá registrar esta obsesión continuamente y reproducirla. El nieto podrá tenerla con menos intensidad. Solamente el bisnieto podrá estar libre de ella. Quien estudia los papeles de la memoria sabe de la gravedad del proceso de transmisión de las miserias psíquicas.

Demuestre fuerza y seguridad ante sus hijos. Dígales con frecuencia: "La verdadera libertad está dentro de ti", "¡No seas frágil ante tus preocupaciones!", "¡Enfrenta tus manías y tu ansiedad!", "¡Opta por ser libre! Es preciso combatir cada pensamiento negativo para que éste no quede registrado".

El verdadero optimismo se construye enfrentando los problemas y no negándolos. Por eso, las charlas de motivación *rara vez funcionan*. No proporcionan herramientas para generar un optimismo sólido, que nutra el "yo" como líder del teatro de la inteligencia. Por eso la línea de este libro es de divulgación científica. Mi objetivo es dar herramientas.

De acuerdo con las investigaciones en universidades estadunidenses, una persona optimista tiene 30 por ciento menos probabilidades de padecer enfermedades cardiacas. Los optimistas tienen menos probabilidades aun de tener enfermedades emocionales y psicosomáticas.

El pesimismo es un cáncer del alma. Muchos padres son vendedores de pesimismo. Ya no basta la basura social que los medios depositan en el escenario de la mente de los jóvenes, muchos padres les transmiten un futuro sombrío. Todo les parece difícil y peligroso. Están preparando a sus hijos para tenerle miedo a la vida, encerrarse en un capullo, vivir sin poesía. ¡Nutra a sus hijos con un optimismo sólido!

No debemos formar superhombres, como apuntaba Nietzsche. *Los padres brillantes no forman héroes, sino seres humanos que conocen sus límites y sus fortalezas.*

3
Los buenos padres corrigen los errores, los padres brillantes enseñan a pensar

Este hábito de los padres brillantes contribuye a desarrollar: consciencia crítica, pensar antes de reaccionar, fidelidad, honestidad, capacidad de cuestionar, responsabilidad social.

Los buenos padres corrigen las fallas, los padres brillantes enseñan a sus hijos a pensar. Entre corregir los errores y enseñar a pensar existen más misterios de lo que imagina nuestra vana psicología.

No sea un experto en criticar comportamientos inadecuados; sea un experto en hacer que sus hijos reflexionen. Los viejos regaños y los conocidos sermones definitivamente no funcionan, sólo desgastan la relación.

Cuando usted abre la boca para repetir las mismas cosas, detona un gatillo inconsciente que abre determinados archivos de la memoria que contienen viejas críticas. Sus hijos ya sabrán todo lo que usted va a decir. Se armarán y se defenderán. En consecuencia, lo que usted diga no resonará dentro de ellos, no generará un momento educativo. Este proceso es inconsciente.

Cuando su hijo se equivoca, espera una actitud de su parte. Si lo que usted dice no causa impacto en su emoción, el fenómeno RAM no producirá un registro inteligente y, por ende, no habrá crecimiento, sino sufrimiento. No insista en repetir las mismas cosas para los mismos errores, para la misma terquedad.

A veces, insistimos durante años diciendo lo mismo, y los jóvenes siguen repitiendo las mismas fallas. Ellos son obstinados y nosotros, estúpidos. *Educar no es repetir las palabras, es crear ideas, es encantar.* Los mismos errores merecen nuevas actitudes.

Si nuestros hijos fueran computadoras, podríamos repetir la misma reacción para corregir el mismo defecto. Pero ellos poseen una inteligencia compleja. Por lo menos cuatro fenómenos leen la memoria diariamente y, en medio de billones de opciones, producen miles de cadenas de pensamientos e innumerables transformaciones de la energía emocional. El objeto de este libro no es estudiar los cuatro fenómenos que leen la memoria; solamente los mencionaré: el gatillo de la memoria, la ventana de la memoria, el autoflujo y el "yo", que representa la voluntad consciente.

La personalidad de los niños y de los jóvenes está en constante ebullición, porque la construcción de pensamientos nunca se interrumpe. Es imposible dejar de pensar, incluso el intento de detener el pensamiento ya es en sí un pensamiento. Ni siquiera al dormir interrumpimos los pensamientos, por eso soñamos. Pensar es inevitable, pero, como estudiaremos, pensar demasiado provoca un violento desgaste de la energía cerebral, lo que perjudica drásticamente la calidad de vida.

No sea un manual de reglas

Las computadoras son unos meros artilugios comparados con la inteligencia de cualquier niño, incluso de los niños especiales. Pero insistimos en educar a nuestros hijos como si fueran aparatos lógicos que sólo necesitan seguir un manual de reglas. Cada joven es un mundo a ser explorado.

Las reglas son buenas para operar computadoras. Decir "haz esto" o "no hagas aquello", sin explicar las causas, sin estimular el arte de pensar, produce robots y no jóvenes pensantes.

Creo que 99 por ciento de las críticas y de las correcciones de los padres son inútiles, no ejercen influencia en la personalidad de los jóvenes. Además de no educar, generan más agresividad y distanciamiento. ¿Qué hacer? ¡Sorprenderlos!

Los padres brillantes conocen el funcionamiento de la mente para educar mejor. Tienen consciencia de que necesitan conquistar primero el territorio de la emoción, para después ganar el anfiteatro de los pensamientos y, por último, conquistar los territorios conscientes e inconscientes de la memoria, que es la caja de secretos de la personalidad. De ese modo, crean fantásticos momentos educativos.

Los padres pueden leer durante décadas mi teoría, las ideas de Piaget, el psicoanálisis de Freud, las inteligencias múltiples de Gardner, la filosofía de Platón, pero si no logran encantar, enseñar a pensar y conquistar el almacén de la memoria de sus hijos, ningún estudio será válido ni aplicable.

Sorprender a los hijos es decir cosas que ellos no esperan, reaccionar de manera diferente ante sus errores, superar sus expectativas. Por ejemplo, su hijo acaba de levantarle la voz. ¿Qué hacer? ¡Él espera que usted grite y lo castigue! Pero en vez de eso, usted primero guarda silencio, se relaja y después dice algo que lo deja deslumbrado: "No esperaba que me ofendieras de esa manera. A pesar del dolor que me causaste, te amo y te respeto mucho". Después de decir esas palabras, el padre sale de escena y deja pensativo al hijo. La respuesta del padre debilitará los cimientos de su agresividad.

Si usted quiere causar un enorme impacto en el universo emocional y racional de sus hijos use la creatividad y la sinceridad. Así conquistará a los inconquistables. Si aplica esos principios en el trabajo, tenga la seguridad de que usted convencerá hasta a los compañeros más complicados. Sin embargo, no es solamente con un gesto que usted garantizará la conquista, sino a través de una pauta de vida.

Si usted educa la inteligencia emocional de sus hijos con elogios cuando ellos esperan un regaño (Goleman, 1996), con una palabra de aliento cuando ellos esperan una reacción agresiva, con una actitud afectuosa cuando ellos esperan un ataque de rabia, se encantarán y lo registrarán a usted con grandeza. Así, los padres se convertirán en agentes del cambio.

Los buenos padres dicen a sus hijos: "Estás equivocado". Los padres brillantes dicen: "¿Qué piensas de tu comportamiento?". Los buenos padres dicen: "Ya volviste a fallar". Los padres brillantes dicen: "Piensa antes de reaccionar". Los buenos padres castigan a los hijos cuando éstos fracasan; los padres brillantes los estimulan a hacer de cada lágrima una oportunidad de crecimiento.

Generación de la hamburguesa emocional

La juventud siempre ha sido una fase de rebeldía a las convenciones de los adultos. Pero la generación actual ha producido un hecho único en la Historia: mató el arte de pensar y la capacidad de réplica de la juventud. Los jóvenes rara vez rebaten o cuestionan el comportamiento de los adultos. ¿Por qué?

Porque ellos aman el veneno que producimos. Aman el éxito rápido, el placer inmediato, las candilejas de los medios, aunque vivan en el anonimato. El exceso de estímulo ha generado una emoción fluctuante, sin capacidad contemplativa. Incluso sus modelos de vida deben tener un éxito explosivo. Quieren ser personajes como artistas o deportistas, que conquistan fama y aplausos de la noche a la mañana.

Los jóvenes viven la generación de la "hamburguesa emocional". Detestan la paciencia. No saben contemplar la belleza de las pequeñas cosas de la vida. No les importa admirar las flores, los atardeceres, las conversaciones sencillas. Para ellos, todo es un fastidio. Las críticas de sus padres y de sus maestros son insoportables, rara vez las escuchan con atención.

¿Cómo ayudarles? Sálgase del lugar común. *Una de las cosas más importantes en la educación es hacer que un hijo admire a su educador.* Un padre puede ser un trabajador humilde, pero si encanta a su hijo, será grande en su interior. Un padre puede destacar en el medio empresarial, tener miles de empleados, pero si no encanta a su hijo, será pequeño en su alma.

Sea un maestro de la inteligencia, enséñelos a pensar. Déjelos imitar a la persona brillante que es usted. ¿Encontrará un eco este clamor?

4

Los buenos padres preparan a sus hijos para los aplausos, los padres brillantes preparan a sus hijos para los fracasos

Este hábito de los padres brillantes contribuye
a desarrollar: motivación, osadía, paciencia,
determinación, capacidad de superación, habilidad
para crear y aprovechar oportunidades.

Los buenos padres preparan a sus hijos para recibir aplausos, los padres brillantes los preparan para enfrentar sus derrotas. Los buenos padres educan la inteligencia lógica de sus hijos, los padres brillantes educan la sensibilidad.

Estimule a sus hijos a tener metas, a buscar el éxito en el estudio, en el trabajo, en las relaciones sociales, pero no se detenga ahí. Llévelos a no tener miedo de sus fracasos. No hay podio sin derrotas. Muchos no suben al podio no por carecer de capacidad, sino porque no supieron superar los fracasos en el camino. Muchos no logran brillar en su trabajo porque desistieron ante los primeros obstáculos.

Algunos no triunfaron porque no tuvieron paciencia para soportar un "no", porque no tuvieron el atrevimiento para enfrentar algunas críticas ni la humildad para reconocer sus fallas.

La perseverancia es tan importante como la habilidad intelectual. *La vida es una larga carretera que tiene curvas impredecibles y desliеces inevitables.* La sociedad nos prepara para los días de gloria, pero son los días de frustración los que dan sentido a esa gloria.

Al demostrar madurez, los padres brillantes se sitúan como modelos de vida para una vida victoriosa. Para ellos, tener éxito no significa tener una vida infalible. Vencer no es acertar siempre. Por eso son capaces de decir a sus hijos: "Me equivoqué", "Perdóname", "Te necesito". Son fuertes en sus convicciones, pero flexibles para admitir sus fragilidades. *Los padres brillantes demuestran que las más bellas flores surgen después del invierno más riguroso.*

La vida es un contrato de riesgo

Los padres que no tienen el valor de reconocer sus errores nunca enseñarán a sus hijos a enfrentar sus propias equivocaciones y a crecer con ellas. Los padres que sostienen que siempre tienen la razón nunca enseñarán a sus hijos a trascender sus fracasos. Los padres que no piden disculpas nunca enseñarán a sus hijos a lidiar con la arrogancia. Los padres que no revelan sus temores siempre tendrán dificultades para enseñar a sus hijos a ver, en las pérdidas, oportunidades para ser más fuertes y experimentados. ¿Así hemos actuado con nuestros hijos, o sólo desempeñamos las obligaciones triviales de la educación?

Vivir es un contrato de riesgo. Los jóvenes tienen que vivir este contrato apreciando los retos y no huyendo de ellos. Si se intimidan ante las derrotas y las dificultades, el fenómeno RAM registrará en su memoria miles de experiencias que propiciarán el complejo de inferioridad, la baja autoestima y el sentimiento de incapacidad. ¿Cuál es la consecuencia?

Un joven que tiene baja autoestima se sentirá disminuido, minimizado, incapaz de correr riesgos y de convertir sus metas en realidad. Podrá vivir un envejecimiento emocional precoz. La juventud debería ser la mejor época del placer, aunque haya inquietudes. Pero muchos son viejos en el cuerpo de jóvenes. Ser anciano no quiere decir ser viejo. Pero muchos ancianos, al ser felices y motivados, son más jóvenes en su emoción que gran parte de los jóvenes de la actualidad.

¿Cuál es la característica de una emoción envejecida, sin interés ni motivación? La incapacidad de contemplar lo bello representa una capacidad intensa de quejarse, pues nada satisface prolongadamente. Quejarse del cuerpo, de la ropa, de los amigos, de la falta de dinero, de la escuela y hasta de haber nacido.

La capacidad de reclamar es el abono de la miseria emocional, y la capacidad de agradecer es el combustible de la felicidad. Muchos jóvenes hacen muchas cosas para obtener una migajita de placer. Mendigan el pan de la alegría, aunque vivan en un palacio.

Los jóvenes que se vuelven expertos en reclamar tienen una gran desventaja competitiva. Difícilmente conquistarán el espacio social y profesional. ¡Alértelos!

En virtud de que los jóvenes entienden lo que es la memoria de las computadoras, compárela con la memoria humana. Dígales que toda reclamación viene acompañada de un alto grado de tensión que, a su vez, ocupa un lugar privilegiado en la memoria a causa del fenómeno RAM, que lentamente destruye el júbilo de la emoción. Así se sofocan los mejores años de la vida. Poco a poco pierden la sonrisa, la garra, la motivación.

Descubrir la grandeza de las cosas anónimas

Impulse a sus hijos a encontrar los grandes motivos para ser felices con las pequeñas cosas. *Una persona emocionalmente superficial necesita grandes eventos para tener placer; una persona profunda encuentra placer en las cosas ocultas,* en los fenómenos aparentemente imperceptibles: el movimiento de las nubes, la danza de las mariposas, el abrazo de un amigo, el beso de un ser amado, una mirada de complicidad, una sonrisa solidaria de un desconocido.

La felicidad no es obra del azar; la felicidad es un entrenamiento. Entrene a los niños a ser excelentes observadores. Salga al campo o por los jardines, haga que acompañen el despertar de una flor y descubran juntos la belleza invisible. Sienta con sus ojos las cosas hermosas que están a su alrededor.

Impulse a los jóvenes a distinguir los momentos simples, la fuerza que surge de las pérdidas, la seguridad que brota del caos, la grandeza que emana de los pequeños gestos. Las montañas están formadas de granos de arena ocultos.

Los niños serán felices si aprenden a contemplar lo bello en los momentos de gloria y de fracaso, en las flores de las primaveras y en las hojas secas del invierno. ¡He aquí el gran desafío de la educación de la emoción!

Para muchos, la felicidad es locura de los psicólogos, delirio de los filósofos, alucinación de los poetas. No han entendido que *los secretos de la felicidad se esconden en las cosas sencillas y anónimas, tan distantes y a la vez tan cercanas a ellos.*

5

Los buenos padres conversan, los padres brillantes dialogan como amigos

Este hábito de los padres brillantes contribuye a desarrollar: solidaridad, compañerismo, placer de vivir, optimismo, inteligencia interpersonal.

Vimos que el primer hábito de los padres brillantes es dejar que sus hijos los conozcan; el segundo es nutrir su personalidad; el tercero es enseñarles a pensar; el cuarto es prepararlos para las derrotas y las dificultades de la vida. Ahora, debemos comprender que la mejor manera de desarrollar todos esos hábitos es adquirir un quinto hábito: dialogar.

Los buenos padres conversan, los padres brillantes dialogan. Hay un gran valle entre conversar y dialogar. *Conversar es hablar sobre el mundo que nos rodea; dialogar es hablar sobre el mundo que somos.* Dialogar es contar experiencias, es susurrar lo que está oculto en el corazón, es penetrar más allá de la cortina de los comportamientos, es desarrollar la inteligencia interpersonal (Gardner, 1995).

La mayoría de los educadores no logra atravesar esa cortina. Según una investigación que realicé, más de 50 por ciento de los padres nunca tuvo el valor de dialogar con sus hijos sobre sus miedos, pérdidas, frustraciones.

¿Cómo es posible que padres e hijos vivan por años bajo el mismo techo, y permanezcan completamente aislados? Ellos dicen que se aman, pero gastan poca energía para cultivar el amor. Cuidan la pared agrietada, los problemas del auto, pero no cuidan los cerrojos de la emoción ni los problemas de la relación.

Cuando un simple grifo está goteando, los padres se preocupan por repararlo. Pero ¿gastan tiempo dialogando con sus hijos para ayudarles a reparar la alegría, la seguridad o la sensibilidad que están disipándose?

Si tomáramos todo el dinero de una empresa y lo tiráramos a la basura, estaríamos cometiendo un grave crimen contra ella. Se iría a la quiebra. Pero ¿no hemos cometido ese crimen contra la más fascinante empresa social —la familia—, cuya única moneda es el diálogo? Si destruimos el diálogo, ¿cómo se sustentará la relación "padres e hijos"? Se irá a la quiebra.

Debemos adquirir el hábito de reunirnos por lo menos cada semana con nuestros hijos, para dialogar con ellos. Tenemos que darles libertad para que puedan hablar de sí mismos, de sus inquietudes y de las dificultades que tienen de relacionarse con sus hermanos y con nosotros, sus padres. Usted no imagina lo que esas reuniones pueden suscitar.

Si los padres nunca les cuentan a sus hijos sus sueños más importantes, y tampoco escuchan nunca de ellos cuáles son sus mayores alegrías y sus decepciones más impactantes, todos formarán un grupo de extraños y no una familia. No hay una fórmula mágica para construir una relación saludable. El diálogo es insustituible.

Buscar amigos

Hay un mundo por descubrir dentro de cada joven, incluso en los más complicados y aislados. Muchos jóvenes son agresivos y rebeldes, y sus padres no se dan cuenta de que ellos están gritando a través de sus conflictos. *Muchas veces, los comportamientos inadecuados son clamores que imploran la presencia, el cariño y la atención de los padres.*

Muchos síntomas psicosomáticos, tales como dolores de cabeza o abdominales, también son gritos silenciosos de los hijos. ¿Quién los escucha? Muchos padres llevan a sus hijos al psicólogo, lo cual puede ayudar pero, en el fondo, lo que ellos están buscando es el corazón de sus padres.

Una sugerencia: revise los servicios de televisión de paga o de transmisión por internet con los que cuenta, y seleccione los que sean mejores para su familia. Con contenido sobre ciencia, naturaleza y bienestar. Verá que halla una mejor armonía y un mejor uso del tiempo de sus hijos.

Aquí va otra sugerencia para todos los padres, todavía más importante que la primera. La llamo "proyecto de educación de la emoción" (PEE): apaguen el televisor durante una semana completa cada dos meses y hagan cosas interesantes con sus hijos. Planeen pasar seis semanas con ellos a lo largo del año. Aunque no viajen a lugares lejanos, los padres y los hijos *deben viajar al interior unos de otros*.

Planeen lo que harán. Vayan juntos a la cocina, inventen nuevos platillos, cuenten chistes, hagan una obra de teatro familiar, siembren flores, conozcan cosas interesantes. Quédense todas las noches con sus hijos cada una de esas semanas. Hagan del PEE un proyecto de vida.

El mayor deseo de los padres debería ser que sus hijos sean sus amigos: los diplomas, el dinero, el éxito, son consecuencias de una educación brillante. Yo tengo tres hijas. Si ellas no fueran mis amigas, me frustraría como padre, aunque sea un escritor mundialmente respetado.

A pesar de ser un especialista en conflictos psíquicos, también me equivoco, y no pocas veces. Pero lo importante es saber qué hacer con los errores. Ellos pueden construir una relación o destruirla. En muchas ocasiones he pedido disculpas a mis hijas cuando exageré en mis actitudes, emití juicios precipitados o alcé la voz innecesariamente. Así, ellas aprendieron conmigo a disculparse y a reconocer sus excesos.

Algunas personas que me vieron tomar esa actitud se quedaron impresionadas. Decían: "¿Cury les está pidiendo disculpas a sus hijas?". Nunca habían visto a un padre reconocer sus errores y disculparse, mucho menos a un psiquiatra. Muchos hijos de psicólogos y psiquiatras son conflictivos porque los padres no se humanizan, no logran hablar al corazón de sus hijos y ser admirados por ellos.

No quiero hijas que me tengan miedo, quiero que ellas me amen. Por fortuna, ellas nos tienen un gran amor a mí y a mi esposa. Si hay amor, la obediencia es espontánea y natural. *No hay una cosa más hermosa, más poética, que los padres sean amigos de sus hijos.*

La perla del corazón

Abrazar, besar y hablar espontáneamente con los hijos cultiva la afectividad, rompe los lazos de la soledad. Muchos europeos y estadunidenses sufren de una profunda soledad. No saben acercarse a sus hijos ni dialogar abiertamente con ellos. Viven en la misma casa, pero habitan en mundos diferentes. El tacto y el diálogo son mágicos, crean una esfera de solidaridad, enriquecen la emoción y rescatan el sentido de la vida.

Muchos jóvenes cometen suicidio en los países desarrollados, porque rara vez alguien se interna en su mundo y es capaz de escucharlos sin prejuicios. En la psiquiatría existe un concepto erróneo sobre el suicidio. Quien comete actos suicidas no quiere matar la vida, sino su propio dolor. *En el fondo, todas las personas que piensan en morir tienen hambre y sed de vivir.* Lo que ellas quieren destruir es el sufrimiento causado por sus conflictos, la soledad que las abate, la angustia que las corroe. Hable de eso con las personas deprimidas, y verá brotar una esperanza en su interior. En mi experiencia, pude ayudar a muchos pacientes a encontrar el valor para cambiar las rutas de su vida por decirles esas palabras. Algunos entraban al consultorio deseosos de morir, pero salían convencidos de que amaban desesperadamente vivir.

En una sociedad donde padres e hijos no son amigos, la depresión y otros trastornos emocionales encuentran un medio de cultivo ideal para crecer. La autoridad de los padres y el respeto por parte de sus hijos no son incompatibles con la más sencilla amistad. Por un lado, usted no debe ser permisivo ni un juguete en las manos de sus hijos; por el otro, usted debe buscar ser un gran amigo de ellos.

Estamos en la era de la admiración. O sus hijos lo admiran, o usted no ejercerá influencia en ellos. La verdadera autoridad y el respeto sólido nacen a través del diálogo. El diálogo es una perla oculta en el corazón. ¡Y es tan cara y tan accesible! Cara, porque el oro y la plata no pueden comprarla; accesible, porque el más pobre de los hombres puede encontrarla. Búsquela.

6
Los buenos padres dan información, los padres brillantes cuentan historias

Este hábito de los padres brillantes contribuye a desarrollar: creatividad, inventiva, perspicacia, razonamiento esquemático, capacidad de encontrar soluciones en situaciones tensas.

Los buenos padres son una enciclopedia de información; los padres brillantes son agradables narradores de historias. Son creativos, perspicaces, capaces de extraer, de las cosas más sencillas, bellísimas lecciones de vida.

¿Quieren ser padres brillantes? No sólo tengan el hábito de dialogar, sino de contar historias. *Cautiven a sus hijos con su inteligencia y afectividad, no con su autoridad, dinero o poder.* Conviértanse en personas agradables. Influyan en el ambiente donde ellos están.

¿Saben cuál es el termómetro que indica si ustedes son agradables, indiferentes o insoportables? La imagen que los hijos de sus amigos tienen de ustedes. Si a ellos les gusta acercarse, ustedes habrán pasado la prueba. Si ellos los evitan, ustedes han salido reprobados y tendrán que repasar sus actitudes.

Siempre fui un narrador de historias. Aun hoy, mis hijas adolescentes me piden que se las cuente. Los padres que son narradores de historias no se avergüenzan de usar sus errores y dificultades para ayudar a sus hijos a sumergirse dentro de sí mismos y encontrar sus caminos. Cuando los hijos están desesperados, temerosos del mañana, recelosos de enfrentar un problema, esos padres entran en escena y crean historias que transforman la emoción ansiosa de sus hijos en una fuente de motivación.

Cierta vez, una de mis hijas fue criticada por algunas jóvenes por ser una persona sencilla, porque no le gustaba la ostentación y también por no estar de acuerdo con la preocupación excesiva por la estética. Se estaba sintiendo triste y rechazada. Después de escucharla, liberé mi imaginación y le conté una historia. Le dije que algunas personas prefieren un bonito sol pintado en un cuadro, otras prefieren un sol real, aunque esté cubierto de nubes. Le pregunté: "¿Cuál de los dos soles prefieres?".

Ella pensó y escogió el sol real. Entonces, completé, aunque las personas no crean en su sol, éste está brillando. Tú tienes luz propia. Un día, las nubes que cubren tu sol se disiparán y las personas podrán verlo. No tengas miedo de las críticas de los demás, ten miedo de perder esa luz.

Ella nunca olvidó esa historia. Se puso tan feliz que se la contó a varias de sus amigas. *Ser feliz es un entrenamiento y no una obra del azar.* ¿Cuál es una de las maneras más excelentes de educar? Contar historias. Contar historias amplía el mundo de las ideas, ventila la emoción, diluye las tensiones.

La llegada de un nuevo hermano puede generar reacciones agresivas, rechazos, regresiones instintivas (por ejemplo, pérdida de control del acto de orinar) y cambios de actitud en el hermano mayor, que comprometen la formación de su personalidad. A veces, el bebé se convierte en un extraño en el nido. Los padres habilidosos crean historias, desde la gestación del bebé, que incluyen a ambos hermanos en experiencias divertidas y que incentivan el compañerismo. El mayor incorpora esas historias, deja de considerar al hermano menor como rival y desarrolla afecto por él.

Enseñe mucho hablando poco

El Maestro de maestros fue un excelente educador porque era un narrador de parábolas. Cada parábola que él contó hace dos mil años era una suculenta historia que abría el abanico de la inteligencia, destruía los prejuicios y estimulaba el pensamiento. Éste era uno de los secretos por los cuales vivía rodeado de jóvenes.

Los jóvenes aprecian a las personas inteligentes. Para ser inteligente, no es necesario ser un intelectual o un científico, basta con crear historias e insertar en ellas lecciones de vida. Muchos padres tienen mentes rígidas. Creen que no son creativos, que no tienen perspicacia ni inteligencia. Lo cual no es verdad. Tengo la convicción, como investigador de la inteligencia, de que cada persona posee un enorme potencial intelectual que está reprimido.

Recuerdo a un paciente autista que no producía ningún pensamiento lúcido. Su incapacidad intelectual era enorme. Después de usar algunas herramientas que estimularon el fenómeno RAM, se abrieron las ventanas de su memoria. A los dos años de tratamiento no sólo estaba pensando con brillantez, sino que también contaba historias. Todos sus compañeros de clase estaban asombrados con su imaginación. Hay un narrador de historias dentro del ser humano más hermético y cerrado.

Si a veces usted mismo no soporta su forma de ser cerrada, ¿cómo quiere que sus hijos lo escuchen? No grite, no agreda, no conteste con agresividad. ¡Deténgase! Cuéntele historias a quien ama. *Usted puede enseñar mucho hablando poco.*

¡Sea intrépido para cambiar! Aplique su inventiva. Usted puede educar mucho desgastándose poco. Los padres brillantes estimulan a sus hijos a vencer sus temores y a vivir con fluidez. Son narradores de historias, son vendedores de sueños. *Si usted logra hacer que sus hijos sueñen, tendrá un tesoro que muchos reyes buscaron y no conquistaron.*

7

Los buenos padres dan oportunidades, los padres brillantes nunca se dan por vencidos

Este hábito de los padres brillantes contribuye
a desarrollar: aprecio por la vida, esperanza,
perseverancia, motivación, determinación
y capacidad de cuestionarse, de superar
obstáculos y de vencer fracasos.

*L*os buenos padres son tolerantes con algunos errores de sus hijos; los padres brillantes jamás se dan por vencidos con ellos, aunque sus hijos los decepcionen y adquieran trastornos emocionales. El mundo puede no apostar en nuestros hijos, pero jamás debemos perder la esperanza de que se convertirán en grandes seres humanos.

Los padres brillantes son sembradores de ideas, y no controladores de sus hijos. Siembran en el suelo de la inteligencia de sus hijos y esperan que un día las semillas germinen. Durante la espera puede haber desolación, pero si las semillas son buenas, un día germinarán, aunque los hijos se droguen, no tengan respeto por la vida ni logren conservar un empleo.

Tal vez algunos padres estén llorando mientras leen este libro. Sus hijos están viviendo crisis profundas. Rechazan el tratamiento y son indiferentes a las lágrimas de las personas que los aman. ¿Qué hacer? ¿Desistir? No. Comportarse como el padre del hijo pródigo.

El hijo renunció al padre, pero el padre nunca renunció al hijo. El hijo se marchó, pero el padre lo esperó. El padre estaba esperanzado diariamente en que el hijo aprendiera en la escuela de la vida las lecciones que no aprendió a su lado. Por fin, la gran victoria. El dolor rompió la cáscara de las semillas que el padre sembró y moldeó silenciosamente la personalidad del hijo. Y él regresó. Adquirió profundas cicatrices en el alma, pero era más maduro y experimentado. El padre no condenó al hijo injusto, sino que le hizo una gran fiesta. Nadie lo entendió. El amor es incomprensible.

Debemos ser poetas en la batalla de la educación. Podemos llorar, pero jamás desanimarnos. Podemos resultar heridos, pero jamás dejar de luchar. Debemos ver lo que nadie más ve. Distinguir el tesoro encerrado en las duras piedras del corazón de nuestros hijos.

Nadie se gradúa en la tarea de educar

Antiguamente, los padres eran autoritarios; hoy, los hijos lo son. Antiguamente, los profesores eran los héroes de sus alumnos; hoy, son sus víctimas. Los jóvenes no saben ser contrariados. Nunca en la historia habíamos visto a los niños y jóvenes dominando tanto a los adultos. Los hijos se comportan como reyes, cuyos deseos deben ser atendidos de inmediato.

En primer lugar, aprenda a decirles "no" a sus hijos, sin miedo. *Si no escuchan un "no" de sus padres, no estarán preparados para escuchar un "no" de la vida.* No tendrán oportunidad de sobrevivir.

En segundo lugar, cuando dicen "no", los padres no deben ceder a los chantajes y presiones de los hijos. En caso contrario, la emoción de los niños y jóvenes se convertirá en un sube y baja: en un momento serán dóciles, y en el otro, explosivos; en un instante estarán animados y, al siguiente, malhumorados. Si son fluctuantes y chantajistas en el ambiente social, serán excluidos.

En tercer lugar, los padres deben dejar muy claro cuáles son los puntos que se pueden negociar y cuáles son los límites no negociables. Por ejemplo, irse a la cama de madrugada durante la semana y tener que levantarse temprano para estudiar es inaceptable y, por lo tanto, no negociable. Por otro lado, la cantidad de tiempo en internet y la hora para regresar a casa pueden ser negociados.

Si los padres incorporan los hábitos de los educadores brillantes que mencioné, podrán, sin miedo, desafiar, poner límites y decir "no" a sus hijos. Las quejas, los berrinches y las crisis de los hijos no serán destructivos, sino constructivos.

Vivimos tiempos difíciles. Las reglas y los consejos psicológicos parecen ya no tener eficacia. Los padres de todo el mundo se sienten perdidos, sin camino por andar, sin herramientas para adentrarse en el mundo de sus hijos. De hecho, conquistar el planeta psíquico de nuestros hijos es tanto o más complejo que conquistar el planeta físico. *Actuar en el aparato de la inteligencia es un arte que pocos aprenden.*

Quiero dejar claro que los hábitos de los padres brillantes revelan que nadie se gradúa en la educación de los hijos. Los que dicen "Yo sé" o "No necesito de la ayuda de nadie" ya están derrotados. Para educar tenemos que aprender siempre y conocer la palabra *paciencia* a plenitud. Quien no tiene paciencia desiste, quien no logra aprender no encuentra caminos inteligentes.

Infelices los psiquiatras que no logran aprender con sus pacientes. Infelices los padres que no logran aprender con sus hijos y corregir las rutas. Infelices los maestros que no logran aprender con sus alumnos y renovar sus herramientas. *La vida es una gran escuela que poco enseña a quien no sabe leer.*

Por ser la vida una gran escuela, los padres deben intentar comprender los hábitos de los maestros fascinantes que describiré a continuación. Les serán útiles en su jornada. Padres y maestros son compañeros en la fantástica empresa de la educación.

PARTE 2

SIETE HÁBITOS DE LOS BUENOS MAESTROS Y DE LOS MAESTROS FASCINANTES

*Educar es ser un artesano de la personalidad,
un poeta de la inteligencia, un sembrador de ideas.*

1

Los buenos maestros son elocuentes, los maestros fascinantes conocen el funcionamiento de la mente

Este hábito de los maestros fascinantes contribuye a desarrollar en sus alumnos: capacidad de gestionar los pensamientos, administrar las emociones, ser líder de uno mismo, trabajar pérdidas y frustraciones, superar conflictos.

L os buenos maestros tienen una buena cultura académica y transmiten con seguridad y elocuencia la información en el salón de clases. Los maestros fascinantes sobrepasan esa meta. Procuran conocer el funcionamiento de la mente de los alumnos para educarlos mejor. Para ellos, el alumno no es un número más en el salón de clases, sino un ser humano complejo, con necesidades peculiares.

Los maestros fascinantes transforman la información en conocimiento, y el conocimiento en experiencia. Saben que sólo la experiencia se registra de manera privilegiada en los territorios de la memoria, y solamente ella crea avenidas en la memoria capaces de transformar la personalidad. Por eso, siempre están trasladando la información que transmiten hacia la experiencia de vida.

La educación está pasando por una crisis que no tiene precedentes en la Historia. Los alumnos están alienados, no se concentran, no disfrutan aprender y son ansiosos. ¿De quién es la culpa? ¿De los alumnos o de los padres? Ni de unos ni de otros. Las causas son más profundas. Las causas principales son fruto del sistema social, que estimuló de manera aterradora los fenómenos que construyen los pensamientos. A continuación estudiaremos ese asunto.

El escenario de la mente de los jóvenes de hoy es diferente al de los jóvenes del pasado. Los fenómenos que residen en los bastidores de la mente de los jóvenes, y que producen pensamientos, son los mismos, pero los actores que están en el escenario son distintos. La calidad y la velocidad de los pensamientos han cambiado. Debemos conocer algunos papeles de la memoria y algunas áreas del proceso de construcción de la inteligencia para encontrar las herramientas necesarias, capaces de dar un giro radical a la educación.

El primer hábito de un maestro fascinante es entender la mente del alumno y procurar respuestas inusuales, diferentes de aquellas a las que el joven está acostumbrado.

El síndrome SPA

La televisión muestra más de sesenta personajes por hora, con las más distintas características de personalidad. Policías irreverentes, malhechores temerarios, personas divertidas. Esas imágenes quedan registradas en la memoria, y compiten con la imagen de los padres y maestros.

Los resultados inconscientes de eso son graves. Los educadores pierden la capacidad de influir en el mundo psíquico de los jóvenes. Sus gestos y palabras no tienen impactos emocionales y, en consecuencia, no tienen un registro privilegiado, capaz de generar miles de otras emociones y pensamientos que estimulen el desarrollo de la inteligencia. Con frecuencia, los educadores necesitan gritar para obtener un mínimo de atención.

La mayor consecuencia del exceso de estímulos de la televisión es contribuir a generar el síndrome del pensamiento acelerado (SPA). Nunca debimos meternos con la caja negra de la inteligencia, que es la construcción de pensamientos, pero por desgracia lo hicimos. La velocidad de los pensamientos no debería aumentarse crónicamente. En caso contrario, habría una disminución de la concentración y un aumento de la ansiedad. Eso es exactamente lo que está ocurriendo con los jóvenes.

La ansiedad del SPA produce una compulsión por nuevos estímulos, en un intento de aliviarla. Aunque menos intenso, el principio es el mismo que ocurre en la dependencia psicológica de las drogas. Los consumidores de drogas siempre usan nuevas dosis para intentar aliviar la ansiedad generada por la dependencia. Cuanto más usan, más dependientes se hacen.

Los portadores del SPA adquieren una dependencia por los nuevos estímulos. Se agitan en la silla, tienen conversaciones paralelas, no se concentran, molestan a sus compañeros. Estos comportamientos son intentos por aliviar la ansiedad generada por el SPA.

La educación es fallida, la violencia y la alienación social han aumentado porque, sin darnos cuenta, cometemos un crimen contra la mente de los niños y los adolescentes. Tengo la convicción científica de que la velocidad de los pensamientos de los jóvenes de hace un siglo era bastante menor que la actual, y por eso funcionaba el modelo de la educación del pasado, aunque no fuera el ideal.

Necesitamos un nuevo modelo de educación. Al final del libro, encontrará diez técnicas para producir una educación excelente, capaz de eliminar los efectos negativos del SPA.

En mis conferencias, con frecuencia pregunto a los maestros que tienen más de diez años en el salón de clases, si perciben que los alumnos actuales están más inquietos que los del pasado, y la respuesta es unánime y afirmativa. Requerimos maestros poco comunes, que comprendan el anfiteatro de la mente humana. Porque el mundo está lleno de maestros comunes.

Pensar es excelente, pensar mucho es pésimo. Quien piensa mucho roba energía vital a la corteza cerebral, y siente una fatiga excesiva, incluso sin haber hecho ejercicio físico. Éste es uno de los síntomas del SPA. El resto de los síntomas son la falta de sueño, irritabilidad, sufrimiento por anticipación, olvido, déficit de concentración, aversión a la rutina y, a veces, síntomas psicosomáticos como dolor de cabeza, dolores musculares, taquicardia, gastritis. ¿Por qué uno de los síntomas es el olvido? Porque el cerebro tiene más juicio que nosotros y bloquea la memoria para que pensemos menos y gastemos menos energía.

Muchos científicos no se dan cuenta de que el SPA es la causa principal de la crisis en la educación mundial. Es colectivo, alcanza a gran parte de la población adulta e infantil. Los adultos más responsables presentan un SPA más fuerte y, por eso, están más estresados. ¿Por qué? Porque tienen un trabajo intelectual más intenso, piensan más, están más preocupados.

El SPA de los alumnos hace que las teorías educativas y psicológicas del pasado casi no funcionen, porque, aunque los maestros hablan, los alumnos están agitados, inquietos, sin concentración y, para colmo, viajando en sus pensamientos. *Los maestros están presentes en el salón de clases, y los alumnos están en otro mundo.*

Las causas del SPA

El síndrome SPA genera una hiperactividad de origen no genético. Desde los albores de la humanidad, siempre ha existido la hiperactividad genética, caracterizada por una ansiedad psicomotora, inquietud y agitación del pensamiento con trasfondo metabólico. Por eso, algunas personas siempre son más ansiosas, obstinadas e hiperpensantes que otras. Pero hoy existe una hiperactividad funcional no genética, el SPA.

¿Cuáles son las causas del SPA? Como dije, la primera es un exceso de estímulo visual y sonoro producido por la televisión, y que se dirige frontalmente al territorio de la emoción. Noten que no estoy hablando de la calidad del contenido de la televisión, sino del exceso de estímulos, sean buenos o pésimos. La segunda es el exceso de información. En tercer lugar, la paranoia del consumo y de la estética, que dificulta la interiorización.

Todas esas causas excitan la construcción de pensamientos, y causan una psicoadaptación a los estímulos de la rutina diaria, es decir, una pérdida del placer por las pequeñas cosas cotidianas. Quienes sufren de SPA siempre están inquietos, intentando obtener algún estímulo que los alivie.

Con respecto al exceso de información, es fundamental saber que un niño de siete años de la actualidad tiene más información en la memoria que un ser humano de setenta de hace uno o dos siglos. Esa avalancha de información excita de manera inadecuada los cuatro grandes fenómenos que leen la memoria y construyen cadenas de pensamientos. Quien padece SPA no logra gestionar plenamente los pensamientos ni tranquilizar su mente.

El mayor enemigo de la calidad de vida del hombre moderno no es su trabajo, ni la competencia, la carga de trabajo excesiva o las presiones sociales, sino el exceso de pensamientos. El SPA compromete la salud psíquica de tres formas: rumiando el pasado y desarrollando un sentimiento de culpa, produciendo preocupaciones sobre problemas existenciales y sufriendo por anticipado.

Han destruido la calidad de vida del maestro

Una revelación impactante: en España, 80 por ciento de los maestros está estresado. En Inglaterra, el gobierno tiene dificultades para formar maestros, principalmente de enseñanza básica y media, porque pocos quieren dedicarse a esa profesión. En el resto de los países, la situación es igualmente crítica.

De acuerdo con investigaciones del instituto Academia de Inteligencia, en Brasil, 92 por ciento de los maestros presenta tres o más síntomas de estrés y 41 por ciento experimenta diez o más. Es una cifra altísima, que indica que casi la mitad de los maestros no debería estar en un salón de clases, sino internada en una clínica antiestrés. Compare esto con esta otra cifra: en la población de São Paulo, dramáticamente estresada, 22.9 por ciento tiene diez o más síntomas.

Las cifras gritan. Indican que los maestros están casi dos veces más estresados que la población de São Paulo, que es una de las ciudades más grandes y estresantes del mundo. Creo que la situación es la misma en cualquier nación desarrollada. Los síntomas que más se destacan son los relacionados con el síndrome del pensamiento acelerado.

¿Qué tipo de batalla estamos librando, para que nuestros nobles soldados que se encuentran en el frente, los maestros, estén enfermando colectivamente? ¿Qué tipo de educación estamos construyendo, que está eliminando la buena calidad de vida de nuestros queridos maestros? *Damos valor al mercado del petróleo, de los autos, de las computadoras, pero no nos damos cuenta de que el mercado de la inteligencia está fallando.*

No sólo es necesario rescatar los salarios y la dignidad de los maestros, sino también su salud. Los maestros y alumnos padecen colectivamente el síndrome SPA.

Una petición para los maestros fascinantes: por favor, tengan paciencia con sus alumnos. *Ellos no tienen la culpa de esa agresividad, alienación y agitación en el salón de clases.* Ellos son las víctimas. Detrás de los peores alumnos hay un mundo por descubrir y explorar.

Hay una esperanza en el caos. Necesitamos construir la escuela de nuestros sueños. ¡Aguarde!

2
Los buenos maestros poseen metodología, los maestros fascinantes poseen sensibilidad

Este hábito de los maestros fascinantes contribuye a desarrollar: autoestima, estabilidad, tranquilidad, capacidad de contemplación de lo bello, de perdonar, de hacer amigos, de socializar.

*L*os buenos maestros hablan con la voz; los maestros *fascinantes hablan con los ojos.* Los buenos maestros son didácticos, los maestros fascinantes van más allá. Poseen la sensibilidad para hablar al corazón de sus alumnos.

Sea un maestro fascinante. Hable con una voz que exprese emoción. Cambie de tono mientras habla. Así cautivará la emoción, estimulará la concentración y aliviará el SPA de sus alumnos. Ellos desacelerarán sus pensamientos y viajarán al mundo de sus ideas. Un fascinante maestro de matemáticas, química o idiomas es alguien capaz de conducir a sus alumnos en un viaje sin salir del lugar. Cada vez que doy una conferencia, procuro hacer que mis oyentes viajen, reflexionen sobre la vida, caminen dentro de sí mismos, salgan del lugar común.

Un profesor fascinante es un maestro de la sensibilidad. Sabe proteger la emoción en los focos de tensión. ¿Qué significa eso? Significa no dejar que la agresividad y las actitudes irreflexivas de sus alumnos le roben su tranquilidad. Entiende que los débiles excluyen y los fuertes acogen, que los débiles condenan y los fuertes comprenden. Procure acoger a sus alumnos y comprenderlos, incluso a los más difíciles.

Observe el mundo con los ojos de un águila. Contemple la educación desde varios ángulos. Entienda que *somos creadores y víctimas del sistema social, que valora el tener y no el ser, la estética y no el contenido, el consumo y no las ideas.* En lo que esté en nuestras manos, debemos dar nuestra parte de contribución para generar una humanidad más saludable.

No olvide que usted no sólo es un pilar de la escuela clásica, sino un pilar de la escuela de la vida. Sea consciente de que las computadoras pueden generar gigantes de la ciencia, pero niños en cuanto a su madurez.

A pesar de sus dificultades, los educadores son insustituibles, porque las máquinas no pueden enseñar la gentileza, la solidaridad, la tolerancia, la inclusión, los sentimientos altruistas, en fin, todas las áreas de la sensibilidad, pero los seres humanos sí pueden hacerlo.

3
Los buenos maestros educan la inteligencia lógica, los maestros fascinantes educan la emoción

Este hábito de los maestros fascinantes contribuye a desarrollar: seguridad, tolerancia, solidaridad, perseverancia, protección contra los estímulos estresantes, inteligencia emocional e interpersonal.

Los buenos maestros enseñan a sus alumnos a explorar el mundo en el que están, desde el espacio inmenso hasta el pequeño átomo. *Los maestros fascinantes enseñan a sus alumnos a explorar el mundo que son, su propio ser.* Su educación sigue las notas de la emoción.

Los maestros fascinantes saben que trabajar con la emoción es más complejo que trabajar con los más intrincados cálculos de la física y las matemáticas. *La emoción puede transformar a los ricos en paupérrimos, a los intelectuales en niños, a los poderosos en seres frágiles.*

Eduque la emoción con inteligencia. ¿Y qué es educar la emoción? Es estimular al alumno a pensar antes de reaccionar, a no temer el miedo, a ser líder de sí mismo, autor de su historia, a saber filtrar los estímulos estresantes y a trabajar no sólo con los hechos lógicos y los problemas concretos, sino también con las contradicciones de la vida.

Educar la emoción también es dar sin esperar recibir nada a cambio, ser fiel a su consciencia, extraer placer de los pequeños estímulos de la existencia, saber perder, correr riesgos para convertir los sueños en realidad, tener el valor de recorrer lugares desconocidos. ¿Quién tuvo el privilegio de educar la emoción en su juventud?

Por desgracia, nos sumergimos en la sociedad sin ninguna preparación para vivir. Desde la infancia somos vacunados contra una serie de virus y bacterias, pero no recibimos ninguna vacuna contra las decepciones, las frustraciones y los rechazos. ¿Cuántas lágrimas, enfermedades mentales, crisis de relación y hasta suicidios podrían evitarse con la educación de la emoción?

Sin educar la emoción podemos generar por lo menos tres resultados. Algunos se vuelven insensibles, tienen rasgos de una personalidad psicópata. Poseen una emoción insensible, y por eso ofenden y lastiman a los demás, pero no sienten el dolor de ellos, no piensan en las consecuencias de sus comportamientos.

Otros, por el contrario, se vuelven hipersensibles. Viven intensamente el dolor de los otros, se entregan sin límites, se preocupan demasiado por la crítica de los demás, no tienen protección emocional. Una ofensa les arruina el día, el mes y hasta la vida. *Las personas hipersensibles suelen ser excelentes para los demás, pero pésimas para sí mismas.*

Otros son alienados; no lastiman a los demás, pero no piensan en el futuro, no tienen sueños, metas, dejan que la vida los lleve, viven en un conformismo enfermizo.

Las escuelas no están logrando educar la emoción. Están generando jóvenes insensibles, hipersensibles o alienados. Necesitamos formar jóvenes que tengan una emoción rica, protegida e integrada.

4
Los buenos maestros usan la memoria como depósito de información, los maestros fascinantes la usan como soporte del arte de pensar

Este hábito de los maestros fascinantes contribuye a desarrollar: pensar antes de reaccionar, exponer y no imponer las ideas, consciencia crítica, capacidad de debatir, de cuestionar, de trabajar en equipo.

L os buenos maestros usan la memoria como almacén de información; los maestros fascinantes usan la memoria como soporte de la creatividad. Los buenos maestros cumplen con el contenido académico de las clases, los maestros fascinantes también cumplen con el contenido académico, pero *su objetivo fundamental es enseñarles a sus alumnos a ser pensadores y no repetidores de información.*

La educación clásica transformó la memoria humana en un banco de datos. La memoria no tiene esa función. Como dije, gran parte de la información que recibimos nunca será recordada. Ocupamos un espacio precioso de la memoria con datos poco útiles y hasta inútiles.

Los profesores y los psicólogos juran que existe el recuerdo pero, como ya dijimos, éste es uno de los grandes pilares falsos en que se apoyan la psicología y las ciencias de la educación. No existe el recuerdo puro del pasado, sino la reconstrucción del pasado con micro o macrodiferencias.

¿Cuántos pensamientos produjimos ayer? ¡Miles! ¿De cuántos logramos acordarnos con la cadena exacta de verbos, sustantivos, adjetivos? Tal vez de ninguno. Sin embargo, si procuramos recordar a las personas, los ambientes y las circunstancias con los cuales nos relacionamos, reconstruiremos miles de otros pensamientos, no exactamente los mismos que pensamos ayer.

Concluimos que el objetivo de la memoria no es dar soporte a los recuerdos, sino a la reconstrucción creativa del pasado. Sólo existe el recuerdo puro de la información desprovista de experiencias sociales y emocionales, es decir, de la información lógica, como los números. Aun así, el rescate de dichos recuerdos involucra sutiles emociones subyacentes. Por eso, en algunos momentos, tenemos mayor o menor habilidad para resolver cálculos matemáticos.

La memoria clama para que el ser humano sea creativo, pero la educación clásica clama para que sea repetitivo. La memoria no es un banco de datos, ni nuestra capacidad de pensar es una máquina de repetir información, como los pobres cerebros de las computadoras.

La memoria de las computadoras es esclava de estímulos programados. *La memoria humana es una cantera de información y experiencias para que cada uno de nosotros produzca un fantástico mundo de ideas.*

Un miembro de una tribu africana tiene el mismo potencial intelectual que un científico de Harvard. Muchos consideran que Einstein fue el hombre más inteligente del siglo xx. Pero, como uno de los raros científicos que ha desarrollado conocimiento sobre el proceso de construcción de pensamientos, tengo la convicción de que un miembro de las tribus indígenas del Amazonas tiene el mismo potencial intelectual que Einstein.

Todos poseemos un cuerpo de fenómenos que lee los campos de la memoria en milésimas de segundos y produce el espectáculo de los pensamientos. No generamos grandes ideas, pensamientos inusitados, creaciones sorprendentes, sólo por la rigidez que le hemos dado al arte de pensar.

Durante los dos primeros años de enseñanza media, yo sólo tenía dos cuadernos, y casi nada estaba escrito en ellos. Me era difícil adaptarme a una educación que no retaba mi inteligencia. En aquella época, algunos, viendo mi aparente desinterés, creían que yo no llegaría a hacer nada en la vida. Pero dentro de mí había una explosión de ideas. Pensar era una aventura que me encantaba.

Hoy tengo más de cinco mil páginas escritas, y la minoría está publicada. Mis libros son estudiados por científicos y leídos por cientos de miles de personas en todo el mundo. Sin embargo, estoy convencido de que no tengo una inteligencia privilegiada. Todos tenemos una mente especial. *A donde lleguemos dependerá de cuánto liberemos el arte de pensar.*

Abrir las ventanas de la inteligencia

Los exámenes escolares que estimulan a los alumnos a repetir información, además de ser poco útiles, con frecuencia son perjudiciales, pues "enyesan" la inteligencia, la hacen rígida. Los exámenes deberían ser abiertos, promover la creatividad, estimular el desarrollo del libre pensamiento, cultivar el razonamiento esquemático, expandir la capacidad de argumentación de los alumnos. Los exámenes y las preguntas cerradas deberían evitarse o usarse poco como pruebas escolares.

En los exámenes debería valorarse cualquier razonamiento esquemático, cualquier idea organizada, aunque estén completamente equivocados con relación a la materia dada. Es posible dar la calificación máxima a un razonamiento brillante basado en datos errados. Eso valora a los pensadores. La exigencia de detalles sólo debería solicitarse a los especialistas en la universidad y no en la enseñanza básica y media.

En mi libro *Revolucione su calidad de vida*, hablo sobre la memoria de uso continuo, o memoria consciente, la MUC, y la memoria existencial o inconsciente, la ME. La gran mayoría de la información, tal vez más de 90 por ciento, que registramos en la MUC nunca será recordada. Esa información va hacia la periferia de la memoria, hacia la ME, y será reeditada (sustituida) o transferida a archivos poco accesibles en los sótanos del inconsciente.

La información más útil es aquella que se transforma en conocimiento y que, a su vez, se transforma en experiencia en la MUC. Cuando hablemos de la escuela de nuestros sueños, indicaré herramientas para estimular el arte de pensar.

En el pasado, el conocimiento se duplicaba en dos o tres siglos. Actualmente, el conocimiento se duplica cada cinco años. Sin embargo, ¿en dónde están los pensadores? Estamos asistiendo al fin de los pensadores en las escuelas, en las universidades y hasta en los cursos de posgrado. *Multiplicamos el conocimiento, pero no a los hombres que piensan.*

Los alumnos que van mal en los exámenes hoy podrían convertirse en excelentes científicos, ejecutivos y profesionales en el futuro. Basta con que los estimulemos. Incite a sus alumnos a abrir las ventanas de la mente, a atreverse a pensar, cuestionar, debatir, romper paradigmas.

Éste es un hábito excelente. *Los maestros fascinantes forman pensadores que son autores de su propia historia.*

5
Los buenos maestros son maestros temporales, los maestros fascinantes son maestros inolvidables

Este hábito de los maestros fascinantes contribuye a desarrollar: sabiduría, sensibilidad, afectividad, serenidad, amor por la vida, capacidad de hablarle al corazón, de influir en las personas.

*U*n buen maestro es recordado en los tiempos de escuela. Un maestro fascinante es un maestro inolvidable. Un buen maestro busca a sus alumnos, un maestro fascinante es buscado por ellos. Un buen maestro es admirado, un maestro fascinante es amado. Un buen maestro se preocupa por las calificaciones de sus alumnos, un maestro fascinante se preocupa por transformarlos en ingenieros de ideas.

Ser un maestro inolvidable es formar seres humanos que harán una diferencia en el mundo. Sus lecciones de vida marcan para siempre los territorios conscientes e inconscientes de sus alumnos. El tiempo puede pasar y las dificultades pueden surgir, pero las semillas de un maestro fascinante jamás serán destruidas.

He investigado la vida de grandes pensadores, como Confucio, Buda, Platón, Freud, Einstein. Todos ellos fueron maestros inolvidables, porque estimularon a su yo interno a navegar dentro de sí mismo. En la colección de libros *Análisis de la inteligencia de Cristo* (Cury, 2000), tuve la oportunidad de investigar los pensamientos de Jesucristo, así como su capacidad de proteger la emoción y su habilidad de trabajar en los territorios de la inteligencia de sus discípulos.

A pesar de mis limitaciones, hice un análisis psicológico y no teológico de su personalidad. Los resultados fueron extraordinarios. Tal vez, por primera ocasión, los textos referentes a Jesucristo fueron adoptados en facultades de psicología, pedagogía y derecho.

Aparentemente, él murió como el más derrotado de los hombres, pues el más fuerte de sus discípulos lo negó y los demás lo abandonaron. Pero nadie es derrotado cuando ha enterrado sus simientes. Las simientes que él sembró en los territorios de la memoria de sus discípulos inspiraron la inteligencia, liberaron la emoción, rompieron la cárcel del miedo, hicieron de los jóvenes galileos, tan poco preparados para la vida, una casta de finos pensadores.

La conclusión a la que llegué es que Jesucristo se volvió el maestro inolvidable no por sus actos sobrenaturales, sino porque ventiló el anfiteatro de la mente humana con una habilidad que no tiene par. Nunca alguien tan grande se hizo tan pequeño para convertir en grandes a los pequeños.

Independientemente de la religión, los que aman la educación deberían estudiarlo.

Hay escuelas excelentes que han generado alumnos con problemas. En el pasado, las escuelas de los suburbios no lograban ayudar a sus "alumnos problema". Hoy, buenas escuelas que usan teorías respetables, como la del constructivismo y de las inteligencias múltiples, han sido incapaces de formar colectivamente jóvenes sabios y lúcidos.

Sea un maestro fascinante. Inspire la inteligencia de sus alumnos, llévelos a enfrentar sus desafíos y no sólo a tener una cultura informativa. Estimúlelos a gestionar sus pensamientos y a tener una historia de amor con la vida.

No guarde silencio sobre su historia, transmita sus experiencias de vida. *La información se archiva en la memoria; las experiencias se graban en el corazón.*

6
Los buenos maestros corrigen los comportamientos, los maestros fascinantes resuelven los conflictos en el salón de clases

Este hábito de los maestros fascinantes contribuye a desarrollar: superación de la ansiedad, resolución de crisis interpersonales, socialización, protección emocional, rescate del liderazgo del yo en los focos de tensión.

Los buenos maestros corrigen los comportamientos agresivos de sus alumnos. Los maestros fascinantes resuelven los conflictos en el salón de clases. Entre corregir los comportamientos y resolver los conflictos en el salón de clases hay una distancia mayor de lo que nuestra noble educación podría imaginar.

Resolver los conflictos en el salón de clases es un tema nuevo en muchos países. Es sólo ahora que los países europeos y Estados Unidos están despertando a este enfoque. Y hace algún tiempo que he comentado en congresos que los padres y maestros necesitan equiparse para resolver los conflictos entre sus hijos y alumnos.

En primer lugar, es preciso conocer, como ya comenté, el síndrome SPA. En segundo, los maestros necesitan proteger su emoción ante el fragor de los conflictos de los alumnos; en caso contrario, un conflicto podría desgastarlos profundamente. Si es así, la escuela se convertirá en un desierto y los maestros contarán con los dedos los días que faltan para su jubilación.

En tercer lugar, ante cualquier conflicto, ofensa o crisis entre los alumnos, o de los alumnos hacia el maestro, la mejor respuesta es no dar respuesta alguna. En los primeros treinta segundos en que estamos tensos, cometemos nuestros peores errores, nuestras peores atrocidades. Al calor de la tensión, sea amigo del silencio, respire profundo.

¿Por qué usar la herramienta del silencio? Porque la emoción tensa cierra el territorio de lectura de la memoria, obstruyendo la construcción de cadenas de pensamientos. De este modo, reaccionamos por instinto, como los animales, y no con la inteligencia.

En cuarto lugar, procure no dar una lección de moral a quien fue agresivo. Éste es un procedimiento utilizado desde la Edad de Piedra, y no es eficaz, no genera un momento educativo, pues la emoción del agresor está tensa y su inteligencia, obstruida.

¿Qué hacer? Usar la herramienta que ya comenté cuando hablé sobre los padres. Encante a su clase con gestos inesperados. Sorprenda a sus alumnos. Así resolverá los conflictos en el salón de clases. ¿Cómo? Llévelos a pensar, a sumergirse dentro de sí mismos, a confrontarse consigo mismos. No es una tarea fácil, pero es posible. Veamos cómo.

Una bofetada con guante blanco directo al corazón

Cierta vez, algunos alumnos conversaban al fondo del salón. La maestra de idiomas pidió silencio, pero ellos continuaron. Ella fue más enfática, llamó la atención de un alumno que hablaba alto. Él fue agresivo con ella. Gritó: "¡Usted no me manda! ¡Yo le pago para que usted trabaje!". El ambiente se puso tenso.

Todos esperaban que la maestra le gritara al alumno, o que lo expulsara de la clase. En vez de eso, ella guardó silencio, se relajó, disminuyó su tensión y liberó su imaginación. Después les contó una historia que aparentemente no tenía nada que ver con el clima de agresividad.

Les narró la historia de los niños y adolescentes judíos que fueron encerrados en los campos de concentración nazi y perdieron todos sus derechos. No podían ir a la escuela, jugar en las calles, visitar a sus amigos, dormir en una cama caliente y alimentarse con dignidad. La comida estaba echada a perder y ellos dormían como si fueran objetos amontonados en un depósito. Y lo que era peor, no podían abrazar a sus padres. El mundo se derrumbó sobre ellos.

Lloraban y nadie los consolaba. Tenían hambre y nadie los saciaba. Gritaban por sus padres, pero nadie los escuchaba. Frente a ellos sólo había perros, guardias y cercas de alambre de púas. La maestra contó que ése fue uno de los mayores crímenes cometidos en nuestra historia. Les robaron a esos jóvenes sus derechos humanos y su vida. Murió más de un millón de niños y adolescentes.

Después de contar esa historia, la maestra no necesitó decir mucho más. Miró a la clase y dijo: "Ustedes tienen escuela, amigos, maestros que los aman, el cariño de sus padres, comida sabrosa en su mesa, pero ¿será que ustedes no los valoran?". Ella resolvió el conflicto en el salón de clases llevándolos a ponerse en el lugar de los demás y a pensar en la grandeza de los derechos humanos.

No tuvo que llamar la atención del alumno que la ofendió. Sabía que de nada serviría corregir su comportamiento, y quería llevarlo a ser un pensador. Él se quedó en completo silencio. Regresó a casa y nunca más fue el mismo, pues comprendió que tenía muchas cosas bellas a las que no les daba ningún valor.

Los padres y los maestros están perdidos en el mundo de sus salones. Los maestros están confusos en el salón de clases. Los padres están sin rumbo en la sala de su casa. No podemos aceptar que el lugar en el que los jóvenes menos aprenden experiencias de vida es dentro de esos dos ambientes.

Aprendan a dar bofetadas con guante blanco en el corazón emocional de sus seres queridos. Tenemos que despertar a nuestros niños y jóvenes a la vida. *El afecto y la inteligencia curan las heridas del alma, reescriben las páginas cerradas del inconsciente.*

7
Los buenos maestros educan para una profesión, los maestros fascinantes educan para la vida

Este hábito de los maestros fascinantes contribuye a desarrollar: solidaridad, superación de conflictos psíquicos y sociales, espíritu emprendedor, capacidad de perdonar, de filtrar estímulos estresantes, de elegir, de cuestionar, de establecer metas.

Un buen maestro educa a sus alumnos para una profesión; un maestro fascinante los educa para la vida. Los maestros fascinantes son profesionales revolucionarios. Nadie sabe evaluar su poder, ni siquiera ellos mismos. Cambian paradigmas, transforman el destino de un pueblo y un sistema social sin armas, solamente por preparar a sus alumnos para la vida a través del espectáculo de sus ideas.

Los maestros fascinantes pueden ser despreciados y amenazados, pero su fuerza es invencible. Son incendiarios que inflaman a la sociedad con el calor de su inteligencia, compasión y sencillez. Son fascinantes porque son libres, son libres porque piensan, piensan porque aman solemnemente la vida.

Sus alumnos adquieren un bien extraordinario: consciencia crítica. Por eso no pueden ser manipulados, controlados, chantajeados. En un mundo de incertidumbre, ellos saben lo que quieren.

Los maestros fascinantes son promotores de la autoestima. Dan una atención especial a los alumnos despreciados, tímidos y que reciben apodos peyorativos. Saben que ellos pueden ser encarcelados por sus traumas. Por eso, como poetas de la vida, les extienden su mano y les muestran su capacidad interior. Los estimulan a usar el dolor como abono para su crecimiento. De este modo, los preparan para sobrevivir en las tormentas sociales.

Formar emprendedores

Los maestros fascinantes tienen el objetivo de que sus alumnos sean líderes de sí mismos. En el salón de clases proclaman de diversas formas a sus alumnos: "Que ustedes sean grandes emprendedores. Si emprenden, no tengan miedo de fallar. Si fallan, no tengan miedo de llorar. Si lloran, recapaciten sobre su vida, pero no desistan. Dense siempre una nueva oportunidad a sí mismos".

Cuando las dificultades abaten a sus alumnos, cuando la economía del país está en crisis o los problemas sociales aumentan de volumen, nuevamente proclaman: "Los perdedores ven los rayos. Los vencedores ven la lluvia, y con ella la oportunidad de cultivar. Los perdedores se paralizan ante sus pérdidas y frustraciones. Los vencedores ven la oportunidad de cambiar todo de nuevo. Nunca renuncien a sus sueños".

Prepare a sus alumnos para explorar lo desconocido, para no tener miedo a fallar, sino miedo a no intentar. Enséñelos a conquistar experiencias originales a través de la observación de pequeños cambios y la corrección de grandes rutas. Los nuevos estímulos establecen una relación con la estructura cognitiva previa, generando nuevas experiencias (Piaget, 1996). Las nuevas experiencias propician un crecimiento intelectual.

Lleve a los jóvenes a tener flexibilidad en el trabajo y en la vida, pues sólo aquellos que no son capaces de producirla no cambiarán de opinión. *Llévelos a extraer, de cada lágrima, una lección de vida.*

Si no reconstruimos la educación, las sociedades modernas se convertirán en un gran hospital psiquiátrico. Las estadísticas están demostrando que lo normal es estar estresado, y que lo anormal es ser saludable.

PARTE 3

LOS SIETE PECADOS CAPITALES DE LOS EDUCADORES

*Todos se equivocan: la mayoría usa los errores
para destruirse; la minoría, para construirse.
Éstos son los sabios.*

1
Corregir públicamente

Corregir en público a una persona es el primer pecado capital de la educación. Un educador jamás debería exponer el defecto de una persona, por malo que sea, ante los demás. La exposición pública produce humillación y traumas complejos, difíciles de superar. *Un educador debe valorar más a la persona que se equivoca que al error de la persona.*

Los padres o los maestros sólo deben intervenir públicamente cuando un joven ofendió o lastimó a alguien frente a todos. Incluso así, deben actuar con prudencia para no echar más leña a la hoguera de las tensiones.

Había una adolescente de doce años, ingeniosa, inteligente, sociable, que estaba un poco obesa. Aparentemente, ella no tenía problemas con su sobrepeso. Era una buena alumna, participativa y respetada por sus compañeros.

Cierta vez, su vida sufrió un gran revés. Le fue mal en un examen. Buscó a la maestra y cuestionó su calificación. La maestra, que estaba irritada por otros motivos, le propinó un golpe mortal, que modificó para siempre su vida, llamándola "gordita poco inteligente" frente a sus compañeros.

Corregir públicamente ya es grave; humillar es dramático. Los compañeros se burlaron de la joven. Ella se sintió disminuida, minimizada y estalló en llanto. Vivió una experiencia con un alto volumen de tensión, que fue registrada privilegiadamente en el centro de la memoria, la memoria de uso continuo (MUC).

Si consideramos la memoria como una gran ciudad, el trauma original producido por la humillación de la maestra fue como una casucha de barrio pobre edificada en un barrio hermoso. La joven leyó continuamente el archivo que contenía ese trauma y produjo miles de pensamientos y reacciones emocionales de contenido negativo, que fueron registrados nuevamente, expandiendo la estructura del trauma. De este modo, una "casucha de barrio pobre" en la memoria puede infectar un archivo entero.

Por lo tanto, no es el trauma original el que se convierte en el gran enemigo de la salud mental, como pensaba Freud, sino su realimentación. La adolescente relacionaba cada gesto hostil de las otras personas con su trauma. Con el paso del tiempo, produjo miles de casuchas. Donde antes había un barrio hermoso en el inconsciente se fue creando un terreno desolado.

Los adolescentes deben sentirse atractivos, aunque sean obesos, tengan un defecto físico o su cuerpo no responda a los patrones de belleza transmitidos por los medios. La belleza está en los ojos de quien mira.

Pero, por desgracia, los medios masacraron a los jóvenes definiendo lo que es la belleza directo en su inconsciente. Cada imagen de los modelos que aparecen en las portadas de las revistas, en los comerciales y en los programas de televisión es registrada en la memoria, formando matrices que discriminan a quien esté fuera del patrón. Este proceso aprisiona a los jóvenes, incluso a los más saludables. ¿Qué observan cuando están ante el espejo? ¿Sus cualidades o sus defectos? Con frecuencia, sus defectos. Los medios, en apariencia tan inofensivos, discriminan a los jóvenes de la misma manera en que las personas de color fueron y todavía son discriminadas.

Me gustaría que no olviden que es a través de ese proceso que un rechazo se convierte en un monstruo, un educador tenso se convierte en un verdugo, un ascensor se convierte en un cubículo sin aire, una humillación pública paraliza la inteligencia y genera el miedo a exponer las ideas.

La adolescente de nuestra historia comenzó a obstruir su memoria cada vez más, por la baja autoestima y el sentimiento de incapacidad. Dejó de sacar buenas calificaciones. Cristalizó una mentira: que no era inteligente. Tuvo varias crisis depresivas. Perdió el encanto por la vida. A los dieciocho años, intentó suicidarse.

Por fortuna, no murió. Buscó tratamiento y logró superar el trauma. Esa joven no quería matar la vida. En el fondo, como toda persona depresiva, tenía hambre y sed de vivir. Lo que ella quería era acabar con su dramático dolor, su desesperación y su sentimiento de inferioridad.

Llamar la atención o señalar en público un error o un defecto de jóvenes y adultos puede generar un trauma inolvidable que los controlará durante toda la vida. Aunque los jóvenes los decepcionen, no los humillen. Aunque merezcan un gran regaño, procuren llamarlos en privado y corregirlos. Pero, principalmente, estimulen a los jóvenes a reflexionar. Quien estimula la reflexión es un artesano de la sabiduría.

2
Expresar autoridad con agresividad

Cierto día, descontento con la reacción agresiva de su padre, un hijo le levantó la voz. El padre se sintió desafiado y lo abofeteó. Le dijo que nunca debía hablarle de ese modo. A gritos, afirmó que quien mandaba en esa casa era él, que era él quien lo mantenía. El padre impuso su autoridad con violencia. Ganó el temor del hijo, pero perdió su amor para siempre.

Muchos padres se agreden y se critican uno al otro frente a los hijos. Cuando estemos ansiosos o no estemos en condiciones de conversar, lo mejor es salir de escena. Vaya a su habitación y haga otra cosa, hasta lograr abrir las ventanas de la memoria y tratar con inteligencia los asuntos polémicos.

Sin embargo, no hay parejas perfectas. Todos cometemos excesos frente a nuestros hijos, todos estamos estresados. La persona más tranquila tiene sus momentos de ansiedad y de irracionalidad. Por lo tanto, aunque sería deseable, no es posible evitar todos los conflictos frente a los hijos. Lo importante es el destino que damos a nuestros errores.

El mismo principio sirve para los maestros. Cuando damos un espectáculo agresivo frente a los niños, debemos pedir disculpas no sólo a nuestro cónyuge, sino también a nuestros hijos, por la manifestación de intolerancia que presenciaron. Si tenemos el valor para equivocarnos, debemos tener el coraje para remediar nuestro error.

Una persona autoritaria no siempre es brutal y agresiva. A veces su violencia está disfrazada de una delicada inmutabilidad y obstinación. Nadie la hace cambiar de opinión. Si insistimos en mantener nuestra autoridad a cualquier costo, estaremos cometiendo un pecado capital en la educación de nuestros hijos. Nuestro autoritarismo controlará su inteligencia.

Nuestros hijos podrían reproducir nuestras reacciones en el futuro. De hecho, observe que acostumbramos a reproducir los comportamientos de nuestros padres que más condenamos en nuestra infancia. El registro silencioso no trabajado crea moldes en el rincón más secreto de nuestra personalidad.

Algunos hijos, cuando están irritados, señalan los errores de sus padres y los provocan. ¡Cuántos padres pierden el amor de sus hijos porque no saben dialogar con ellos cuando se sienten desafiados! Tienen miedo de que el diálogo les robe la autoridad. No soportan ser cuestionados. Algunos padres odian que sus hijos comenten sobre sus fallas. Parecen intocables. Reaccionan con violencia. Imponen una autoridad que sofoca la lucidez de sus hijos.

Están formando personas que también reaccionarán con violencia.

Los padres que imponen su autoridad son aquellos que recelan de sus propias fragilidades. Los límites deben ser puestos, no impuestos. Como ya comenté, algunos límites no son negociables, porque comprometen la salud y la seguridad de los hijos, pero incluso en estos casos se debe hacer una mesa redonda con los hijos y dialogar sobre los motivos de tales límites.

En estos veinte años atendiendo a innumerables pacientes, descubrí que ciertos padres eran muy amados por sus hijos. No los golpeaban, no eran autoritarios, no les daban bienes materiales ni tenían privilegios sociales. ¿Cuál es su secreto? Se dieron a sus hijos, educaron su emoción, entrecruzaron su mundo con el de ellos. Vivieron naturalmente, incluso sin conocer los principios que comenté sobre los padres brillantes.

El diálogo es una herramienta educativa insustituible. Debe haber autoridad en la relación padre-hijo y maestro-alumno, pero la verdadera autoridad se conquista con inteligencia y amor. Los padres que besan, elogian y estimulan a sus hijos a pensar desde pequeños no corren el riesgo de perderlos y de perder su respeto.

No debemos tener miedo a perder nuestra autoridad, debemos tener miedo a perder a nuestros hijos.

3
Ser excesivamente crítico: obstruir la infancia del niño

Había un padre preocupadísimo por el futuro de su hijo. Quería que él fuera ético, serio y responsable. El niño no podía cometer errores ni excesos. No podía jugar, ensuciarse y hacer travesuras como todo niño. Tenía muchos juguetes, pero estaban guardados, porque el padre, con el aval de la madre, no admitía el desorden.

Cada falla, mala calificación o actitud insensata del hijo era criticada inmediatamente por el padre. No era sólo una crítica, sino una secuencia de críticas y, a veces, frente a los amigos de su hijo. Su crítica era obsesiva e insoportable. Como si eso no fuera suficiente, el padre comparaba el comportamiento de su hijo con el de otros jóvenes. El niño se sentía el más despreciado de los seres. Incluso pensó en renunciar a la vida, por creer que sus padres no lo amaban.

¿El resultado? El hijo creció y se convirtió en un buen hombre. Cometía pocos errores, era serio, ético, pero infeliz, tímido y frágil. Había un abismo entre él y sus padres.

¿Por qué? Porque no existía la magia de la alegría y la espontaneidad entre ellos. Era una familia ejemplar, pero triste y sin sabor. El hijo no sólo se volvió tímido, sino también se frustró. Tenía pavor de la crítica de los demás. Tenía miedo a equivocarse, por eso enterraba sus sueños, no quería correr riesgos.

Al querer acertar, el padre cometió algunos pecados capitales de la educación. Impuso su autoridad, humilló a su hijo en público, lo criticó excesivamente y obstruyó su infancia. Este padre estaba preparado para manejar computadoras, pero no para educar a un ser humano. Cada uno de esos pecados capitales es universal, pues constituye un problema tanto en una sociedad moderna como en una tribu primitiva.

No critique en exceso. *No compare a su hijo con sus compañeros. Cada joven es un ser único en el teatro de la vida.* La comparación sólo es educativa cuando es estimulante y no devalúa. Dé a sus hijos libertad para tener sus propias experiencias, aun cuando eso incluya ciertos riesgos, fracasos, actitudes tontas y sufrimientos. En caso contrario, ellos no encontrarán sus propios caminos.

La peor manera de preparar a los jóvenes para la vida es ponerlos en un invernadero e impedir que sufran o se equivoquen. Los invernaderos son buenos para las plantas, pero sofocantes para la inteligencia humana.

El Maestro de maestros tiene lecciones importantísimas que darnos en esa área. Sus actitudes educativas encantan a los más lúcidos científicos. Una vez dijo que Pedro lo negaría. Pedro protestó vehementemente. Jesús hubiera podido criticarlo, señalar sus defectos, subrayar su fragilidàd. Pero ¿cuál fue su actitud? Ninguna.

Él no hizo nada para cambiar las ideas de su amigo. Dejó que el joven apóstol Pedro tuviera sus experiencias. ¿El resultado? Pedro se equivocó drásticamente, derramó lágrimas incontenibles, pero aprendió lecciones inolvidables. Si no se hubiera equivocado y reconocido su fragilidad, tal vez jamás hubiera madurado ni se hubiera convertido en el hombre que fue. Pero como falló, aprendió a tolerar, a perdonar, a incluir.

Estimados educadores, debemos tener en mente que los débiles condenan, los fuertes comprenden, los débiles juzgan, los fuertes perdonan. *Pero no es posible ser fuerte sin darnos cuenta de nuestras limitaciones.*

4
Castigar cuando se está enojado y poner límites sin dar explicaciones

Cierta vez, una niña de ocho años estaba paseando en un centro comercial próximo a su escuela con algunas amigas. Al ver dinero en un mostrador, lo tomó. La empleada la vio y le dijo que era una ladrona. Tomándola por el brazo, la llevó bañada en lágrimas con sus padres.

Los padres estaban desesperados. Algunas personas cercanas esperaban que le pegaran y castigaran a su hija. En vez de eso, resolvieron buscarme para saber cómo actuar. Estaban recelosos de que la niña desarrollara una cleptomanía y se apropiara de objetos que no le pertenecían.

Orienté a los padres para que no hicieran un drama del asunto. Los niños siempre cometen errores, lo importante es qué hacer con éstos. Mi preocupación era conducirlos a conquistar a su dulce niña y no a castigarla. Los orienté para que la llevaran aparte y le explicaran las consecuencias de su acto. Después les pedí que la abrazaran, pues finalmente ella estaba muy impactada con lo ocurrido.

Además de eso, les dije que si querían transformar el error en un gran momento educativo, deberían tener reacciones inolvidables. Los padres pensaron y tuvieron un gesto inusitado. Como el valor era pequeño, le dieron a la niña el doble del dinero robado y demostraron elocuentemente que ella era más importante para ellos que todo el dinero del mundo. Le explicaron que la honestidad es la dignidad de los fuertes.

Esa actitud la dejó pensativa. En vez de archivar en la memoria el hecho de ser ladrona y un castigo agresivo de sus padres, lo que registró en la memoria fue el acogimiento, la comprensión y el amor. El drama se transformó en un romance. La joven nunca olvidó que, en un momento tan difícil, sus padres le enseñaron y la amaron. Cuando cumplió quince años, abrazó a sus padres, diciéndoles que nunca olvidaría ese momento poético. Todos se rieron. No quedaron cicatrices.

Otro caso no tuvo el mismo destino. Un padre fue llamado a la comisaría, porque el guardia de seguridad había visto a su hijo robando un disco compacto en una tienda departamental. El padre se sintió humillado. No percibió la angustia del muchacho y el hecho de que la falla era una oportunidad excelente para revelar su madurez y sabiduría. En vez de eso, abofeteó a su hijo frente a los guardias.

Al llegar a casa, el joven se encerró en su cuarto. El padre intentó derribar la puerta, porque se dio cuenta de que el hijo estaba intentando suicidarse. En un acto irreflexivo, renunció a la vida, creyendo ser el último de los seres humanos. El padre hubiera dado todo lo que tenía para volver atrás, jamás pensó que perdería a su hijo querido.

Por favor, jamás castigue cuando esté enojado. Como dije, no somos gigantes, y en los treinta primeros segundos de rabia somos capaces de herir a las personas que más amamos. No se deje esclavizar por su ira. Cuando sienta que no puede controlarla, salga de la escena; en caso contrario, usted reaccionará sin pensar.

El castigo físico debe evitarse. Si se dieran algunas palmadas, éstas deben ser simbólicas y estar acompañadas de una explicación. No es el dolor de las palmadas lo que estimulará la inteligencia de los niños y de los jóvenes. La mejor forma de ayudarlos es llevarlos a reflexionar sobre sus actitudes, adentrarse en sí mismos y aprender a ponerse en el lugar de los demás.

Al practicar esta educación, usted estará desarrollando las siguientes características en la personalidad de los jóvenes: liderazgo, tolerancia, ponderación, seguridad en los momentos turbulentos.

Si un joven lo ofendió, hable con él de sus sentimientos. Si es necesario, llore con él. Si su hijo falló, discuta las causas de su falla, concédale algo de crédito. La madurez de una persona se revela por la forma inteligente en que corrige a alguien. Podemos ser héroes o verdugos para los jóvenes.

Jamás ponga límites sin dar explicaciones. Éste es uno de los pecados capitales más comunes que cometen los educadores, sean padres o maestros. En los momentos de ira, la emoción tensa bloquea los campos de la memoria. Perdemos la racionalidad. ¡Deténgase! Espere a que baje la temperatura de su emoción. *Para educar, use primero el silencio y después las ideas.*

El mejor castigo es el que se negocia. Pregunte a los jóvenes qué creen merecer por sus errores. ¡Usted se sorprenderá! Ellos reflexionarán sobre sus actitudes y tal vez se darán a sí mismos un castigo más severo del que usted les impondría. Confíe en la inteligencia de los niños y de los adolescentes.

Sancionar con castigos, privaciones y límites sólo educa si esto no es excesivo y si estimula el arte de pensar. En caso contrario, será inútil. El castigo sólo es útil cuando es inteligente. El dolor por el dolor es inhumano. Cambie sus paradigmas educativos. *Elogie al joven antes de corregirlo o criticarlo.* Dígale cuán importante es, antes de señalarle su defecto. ¿La consecuencia? Él acogerá mejor sus observaciones y lo amará por siempre.

5
Ser impaciente y desistir de educar

Había un alumno muy agresivo e inquieto. Interrumpía la clase y causaba continuos alborotos. Era insolente, desobedecía a todos. Con frecuencia repetía los mismos errores. Parecía incorregible. Los profesores no lo soportaban. Consideraban expulsarlo.

Antes de la expulsión, entró en escena un profesor que decidió invertir en el alumno. Todos creyeron que era una pérdida de tiempo. Incluso sin contar con el apoyo de sus colegas, él comenzó a conversar con el joven en los intervalos entre clases. Al principio era un monólogo, sólo el maestro hablaba. Poco a poco, comenzó a involucrar al alumno, a bromear y a llevarlo a tomar un helado. Maestro y alumno construyeron un puente entre sus mundos. ¿Alguna vez ha construido usted un puente como éste con las personas difíciles?

El maestro descubrió que el padre del chico era alcohólico y los golpeaba a él y a su madre. Comprendió que el joven, aparentemente insensible, ya había llorado mucho, y ahora sus lágrimas se habían secado. Entendió que su agresividad era una reacción desesperada de quien estaba pidiendo ayuda. Sólo que nadie descifraba su lenguaje. Sus gritos eran sordos. Era más fácil juzgarlo.

El dolor de la madre y la violencia del padre crearon zonas de conflicto en la memoria del muchacho. Su agresividad era un eco de la agresividad que recibía. Él no era el infractor, era la víctima. Su mundo emocional no tenía colores. No le dieron el derecho a jugar, sonreír y ver la vida con confianza. Ahora, estaba perdiendo el derecho a estudiar, a tener la única oportunidad de ser un gran hombre. Estaba a punto de ser expulsado.

Al tomar conocimiento de la situación, el maestro comenzó a conquistarlo. El joven se sintió querido, apoyado y valorado. El maestro empezó a educar su emoción. Percibió, ya en los primeros días, que *detrás de cada alumno distante, de cada joven agresivo, hay un niño que necesita afecto.*

No pasaron muchas semanas antes de que todos se sorprendieran con el cambio. El chico revoltoso comenzó a respetar. El muchacho agresivo comenzó a ser afectivo. Creció y se convirtió en un adulto extraordinario. Y todo eso porque alguien decidió no darse por vencido con él.

Todos queremos educar jóvenes dóciles, pero son los que nos frustran quienes ponen a prueba nuestra calidad de educadores. Son sus hijos complicados los que ponen a prueba la grandeza de su amor. Son sus alumnos insoportables los que ponen a prueba su humanismo.

Los padres brillantes y los maestros fascinantes no desisten de los jóvenes, aunque ellos los decepcionen y no les den una retribución inmediata. *La paciencia es su secreto, la educación del afecto es su meta.*

Me gustaría que ustedes creyeran que los jóvenes que más los decepcionan hoy podrían ser los que más alegría les darán en el futuro. Basta con invertir en ellos.

6
No cumplir su palabra

Había una madre que no sabía decirle "no" a su hijo. Como no soportaba las reclamaciones, berrinches y alborotos del niño, quería atender todas sus necesidades y reclamos. Pero no siempre lo conseguía y, para evitar problemas, le prometía lo que no podría cumplir. Tenía miedo de frustrar a su hijo.

Esa madre no sabía que la frustración es importante para el proceso de formación de la personalidad. Quien no aprende a lidiar con pérdidas y frustraciones nunca madurará. La madre evitaba los trastornos momentáneos con su hijo, pero no sabía que estaba tendiéndole una trampa emocional. ¿Cuál fue el resultado?

Ese hijo perdió el respeto por su madre. Comenzó a manipularla, explotarla y discutir intensamente con ella. La historia es triste, porque el hijo sólo valoraba a la madre por lo que ella tenía y no por lo que ella era.

En su fase adulta, ese niño tuvo graves conflictos. Por haber pasado la vida viendo a su madre disimular y no cumplir su palabra, proyectó una desconfianza fatal en el ambiente social. Desarrolló una emoción insegura y paranoica, creía que todo el mundo quería engañarlo y moverle el tapete. Tenía ideas de persecución, no lograba hacer amistades estables ni durar en los empleos.

Las relaciones sociales son un contrato firmado en el escenario de la vida. No lo rompa. No disimule sus reacciones. Sea honesto con los jóvenes. No cometa esa falla capital. Cumpla lo que promete. Si no pudiera, diga "no" sin miedo, aunque su hijo se enoje. Y si se equivoca en esa área, vuelva atrás y ofrezca disculpas. Las fallas capitales en la educación pueden solucionarse cuando son corregidas rápidamente.

La confianza es un edificio difícil de construir, fácil de demoler y muy difícil de reconstruir.

7
Destruir la esperanza
y los sueños

E l pecado capital más grande que los educadores pueden cometer es destruir la esperanza y los sueños de los jóvenes. Sin esperanza no hay camino, sin sueños no hay motivación para avanzar. El mundo puede derrumbarse sobre una persona, ella puede haberlo perdido todo en la vida, pero si tiene esperanza y sueños, cuenta con un brillo en los ojos y alegría en el alma.

Había cierto padre que era muy ansioso. Tenía una elevada cultura académica. Era muy respetado en su universidad. Mostraba serenidad, elocuencia y perspicacia en decisiones que no involucraban la emoción. Sin embargo, cuando era contrariado, bloqueaba su memoria y reaccionaba agresivamente. Eso sucedía principalmente cuando llegaba a casa. En su cubículo era sobrio, pero en casa era un hombre insoportable.

No tenía paciencia con sus hijos. No toleraba la mínima decepción. Cuando se enteró de que uno de ellos había comenzado a consumir drogas, sus reacciones, que de por sí eran malas, se volvieron pésimas. En vez de abrazarlo, ayudarlo y animarlo, destruyó la esperanza de su hijo. Le decía: "Tú no vas a ser nadie en la vida", "Te convertirás en un marginado".

El comportamiento del padre deprimía más al hijo y lo llevaba más profundamente al calabozo de las drogas. Por desgracia, el padre no se detenía ahí. Además de destruir la esperanza del muchacho, obstruía sus sueños, bloqueaba su capacidad de encontrar días felices. Le decía: "Tú no tienes remedio", "Tú sólo me das disgustos".

Algunas personas cercanas a ese padre pensaban que él tenía una doble personalidad. Pero la doble personalidad no existe desde el punto de vista científico. Lo que existen son dos campos distintos de lectura de la memoria, leídos en ambientes diferentes, lo que resulta en una producción de pensamientos y reacciones completamente distintos.

Muchas personas son un cordero con los de afuera y un león con los miembros de su familia. ¿Por qué esa paradoja? Porque, con los de afuera, se frenan y no abren ciertos puntos oscuros —las casuchas— de la memoria, o sea, los archivos que contienen zonas de conflicto. Con los más cercanos, esas personas pierden el freno del consciente y abren las casuchas del inconsciente. En ese momento aparecen la rabia, la insensatez, la crítica obsesiva.

Ese mecanismo está presente en mayor o menor grado en todas las personas, incluso en las más sensatas. Todos tenemos la tendencia a herir a quienes más amamos. Pero no podemos estar de acuerdo con eso. En caso contrario, corremos el riesgo de destruir los sueños y la esperanza de las personas que más queremos.

Los jóvenes que pierden la esperanza tienen enormes dificultades para superar sus conflictos. Los que pierden sus sueños serán opacos, no brillarán, gravitarán siempre en torno de sus miserias emocionales y sus derrotas. Creer en el más bello amanecer después de la noche más turbulenta es fundamental para tener salud mental. *No importa el tamaño de nuestros obstáculos, sino el tamaño de la motivación que tenemos para superarlos.*

Uno de los mayores problemas en la psiquiatría no es la gravedad de una enfermedad, sea una depresión, fobia, ansiedad o fármaco-dependencia, sino la pasividad del yo. Un yo pasivo, sin esperanza, sin sueños, deprimido, conformado con sus penurias, podrá llevarse sus problemas a la tumba. Un yo activo, dispuesto, atrevido, puede aprender a gestionar los pensamientos, reeditar la película del inconsciente y hacer cosas que sobrepasan nuestra imaginación.

Los psiquiatras, los médicos clínicos, los maestros y los padres son vendedores de esperanza, mercaderes de sueños. Una persona sólo comete suicidio cuando sus sueños se evaporan, cuando su esperanza se disipa. *Sin sueños no hay aliento emocional. Sin esperanza no hay valor para vivir.*

PARTE 4

LOS CINCO PAPELES DE LA MEMORIA HUMANA

Si el tiempo envejece tu cuerpo,
pero no envejece tu emoción,
siempre serás feliz.

Memoria: la caja de secretos de la personalidad

La memoria es el terreno donde se cultiva la educación. Pero ¿la ciencia ha desvelado los principales papeles de la memoria? ¡Muy poco! Muchas áreas permanecen desconocidas. Millones de maestros en el mundo están usando la memoria en forma inadecuada. Por ejemplo, ¿existen los recuerdos? Muchos maestros y psicólogos juran que sí. Pero no existe el recuerdo puro.

¿El registro de la memoria depende de la voluntad humana? Muchos científicos piensan que sí. Pero están equivocados. El registro es automático e involuntario. ¿Puede la memoria humana ser borrada, como la de las computadoras? Millones de usuarios de esas máquinas creen que sí. Pero es imposible borrarla.

La memoria es la caja de secretos de la personalidad. Todo lo que somos, el mundo de los pensamientos y el universo de nuestras emociones, se producen a partir de ella. Nuestros errores históricos relativos a la memoria parecen cosa de ficción. Hace milenios que atribuimos a la memoria funciones que no posee.

Tenemos que comprender los cinco papeles fundamentales del magnífico territorio de la memoria, para poder encontrar herramientas a fin de reconstruir la educación, revolucionar sus conceptos. Esos papeles están en la construcción del saber y del aprender.

Haré un abordaje sintético. Para quien quiera profundizar en esos asuntos, sugiero consultar mi libro *Inteligencia multifocal* (Cury, 1998).

1
El registro en la memoria es involuntario

Cierta vez, un hombre tuvo un conflicto con un compañero de trabajo. Pensó que había sido tratado con la mayor injusticia. Le dijo a su compañero que lo sacaría de su vida. Hizo un esfuerzo enorme para librarse de él. Pero cuanto más intentaba olvidarlo, más pensaba en él, más reconstruía el sentimiento de injusticia. ¿Por qué no pudo cumplir su promesa? Porque el registro es automático, no depende de la voluntad humana.

El rechazo de una idea negativa podría hacernos sus esclavos. Rechace a una persona, y ella dormirá con usted, arruinando su sueño. Perdonarla es más barato emocionalmente. Como vimos, en las computadoras el registro depende de un comando del usuario. En el ser humano, el registro es involuntario y es realizado, como ya vimos, por el fenómeno RAM (registro automático de la memoria).

Cada idea, pensamiento, reacción ansiosa, momento de soledad, periodo de inseguridad, son registrados en su memoria y formarán parte de la colcha de retazos de su historia existencial, de la película de su vida.

Algunas implicaciones de ese papel de la memoria:

- Cuidar lo que pensamos en el escenario de nuestra mente es cuidar la calidad de vida.
- Cuidar lo que sentimos en el presente es cuidar el futuro emocional, cuán felices, tranquilos y estables seremos.
- La personalidad no es estática. Su transformación depende de la calidad de archivamiento de las experiencias a lo largo de la vida. Es posible enfermar en cualquier época de la vida, incluso si tuvimos una infancia feliz. Un niño alegre puede convertirse en un adulto triste, y un niño triste y traumatizado puede transformarse en un adulto alegre y saludable.
- La calidad de la información y las experiencias registradas pueden transformar la memoria en un terreno fértil o en un desierto árido, sin creatividad.

2
La emoción determina
la calidad del registro

Un psicólogo clínico pidió a un paciente que le contara detalles de su pasado. El paciente se esforzó, pero sólo pudo hablar de las experiencias que lo habían marcado. Había vivido millones de experiencias, pero sólo pudo hablar de algunas decenas.

El psicoterapeuta pensó que el paciente estaba bloqueado o fingiendo. En realidad, el paciente estaba en lo correcto. Sólo logramos dar detalles de las experiencias que involucran pérdidas, alegrías, elogios, miedos, frustraciones. ¿Por qué? Porque la emoción determina la calidad del registro. Cuanto mayor sea el volumen emocional involucrado en una experiencia, más privilegiado será el registro, y mayores oportunidades tendrá de ser rescatado.

¿Dónde queda registrado? En la MUC, que es la memoria de uso continuo, o memoria consciente. Las experiencias tensas se registran en el centro consciente, y a partir de ahí serán leídas continuamente. Con el paso del tiempo, van siendo desplazadas a la periferia inconsciente de la memoria, llamada ME, memoria existencial.

En algunos casos, el volumen de ansiedad o sufrimiento puede ser tan grande que provoca un bloqueo de la memoria. Éste es una defensa inconsciente que impide el rescate y la reproducción del dolor emocional. Es el caso de las experiencias que involucran accidentes o traumas de guerra. Algunos niños sufrieron tanto en la infancia que no logran recordar ese periodo de su vida.

Normalmente, las experiencias con alta carga emocional quedan disponibles para ser leídas, y generan miles de nuevos pensamientos y emociones. Una ofensa no trabajada puede arruinar el día o la semana. Un rechazo puede aprisionar una vida. Un niño que queda encerrado en un cuarto oscuro puede desarrollar claustrofobia. Una humillación en público puede causar fobia social.

Algunas implicaciones de la relación de la emoción que interfieren en el registro de la memoria:

- Enseñar la materia estimulando la emoción de los alumnos desacelera el pensamiento, mejora la concentración y produce un registro privilegiado.
- Los maestros y los padres que no provocan la emoción de los jóvenes no educan, sólo informan.
- Dar consejos y orientaciones sin emoción no genera "momentos educativos" en el mercado de la memoria.
- Los pequeños gestos que generan una emoción intensa pueden influir más en la formación de la personalidad de los niños que los gritos y las presiones.

- Las bromas discriminatorias y los apodos peyorativos hechos en el salón de clases pueden generar experiencias angustiantes, capaces de producir graves conflictos.
- Proteger la emoción es fundamental para tener calidad de vida.

3
La memoria no puede borrarse

En las computadoras, la tarea más sencilla es borrar o eliminar la información. En el ser humano es imposible, a no ser que haya lesiones cerebrales. Usted puede intentar con todas sus fuerzas eliminar sus traumas, puede intentar con toda su habilidad borrar a las personas que lo decepcionaron, así como los momentos más difíciles de su vida, pero no tendrá éxito.

La única posibilidad de resolver nuestros conflictos, como vimos, es reeditar los archivos de la memoria —a través del registro de nuevas experiencias sobre las experiencias negativas— en donde están almacenados. Por ejemplo, la seguridad, la tranquilidad y el placer deben archivarse en las áreas de la memoria que contengan experiencias de inseguridad, ansiedad, tristeza.

Existen muchas técnicas para reeditar la película del inconsciente, sean técnicas cognitivas que actúan sobre los síntomas, sean técnicas analíticas que actúan sobre las causas.

Lo ideal es unir ambas. Una excelente manera de hacerlo es gestionar los pensamientos y las emociones. De este modo, dejaremos de ser marionetas de nuestros conflictos y pasaremos a ser directores del teatro de nuestra mente.

Algunas implicaciones de ese papel de la memoria:

- Todo lo que pensamos o sentimos será registrado y formará parte del tejido de nuestra historia, lo queramos o no.
- Diariamente podemos plantar flores o acumular basura en el territorio de la memoria.
- Como no es posible borrar el pasado, la gran posibilidad de incorporar nuevas características de personalidad y superar traumas y trastornos emocionales es reeditar la película del inconsciente.
- Reeditar la película del inconsciente o reescribir la memoria es construir nuevas experiencias que serán archivadas en el lugar de las antiguas.
- La educación que prevaleció durante siglos no comprendió que si reeditáramos la película del inconsciente de manera inteligente seremos autores de nuestra historia. En caso contrario, seremos víctimas de nuestras desgracias.

1
El grado de apertura de las ventanas de la memoria depende de la emoción

L a emoción no sólo determina si un registro será débil o privilegiado, sino también el grado de apertura de los archivos en un momento determinado.

El acceso a la memoria de las computadoras es libre. En la inteligencia humana, este acceso tiene que pasar por la barrera de la emoción. Si una persona está tranquila o ansiosa, el grado de apertura de su memoria y, en consecuencia, su capacidad de pensar, estarán afectados por esas emociones.

Un ejecutivo puede preparar bien una presentación para los directores de su empresa, pero en el momento de hablar puede truncar su exposición a causa de la ansiedad. Yo atendí a muchas personas cuyas manos estaban secas cuando estaban solas, pero al saludar a los demás, se ponían frías y húmedas. El exceso de tensión inhibe intelectualmente a esas personas cuando tienen que hablar en público.

La memoria humana no está disponible cuando queremos. Quien determina la apertura de los archivos de la memoria es la energía emocional que vivimos a cada momento. El miedo, la ansiedad y el estrés traban los archivos y bloquean los pensamientos.

Algunas implicaciones derivadas de la relación de la emoción con la apertura de la memoria:

- La tranquilidad abre las ventanas de la memoria y lleva a las personas a ser más eficientes en un concurso o una reunión de trabajo.
- La ansiedad puede comprometer el desempeño intelectual. Alumnos bien preparados pueden desempeñarse pésimamente en un examen si están nerviosos.
- Una persona tensa o ansiosa está apta para reaccionar instintivamente, y no para aprender.
- Para ayudar o corregir a una persona tensa, debemos primero conquistar su emoción, para después conquistar su razón.

5
No existe el recuerdo puro

*P*or milenios, construimos escuelas creyendo que existe el recuerdo. La máxima de la educación mundial es "enseñar para recordar y recordar para aplicar". Sin embargo, después de muchos años de investigación sobre los papeles de la memoria y el funcionamiento de la mente, estoy convencido de que no existe el recuerdo puro del pasado, sino la reconstrucción con micro o macrodiferencias.

Di ya una prueba de eso. Si usted procura intentar recordar los miles de pensamientos que produjo la semana pasada, es probable que no rescate ninguno con la cadena exacta de verbos, pronombres y sustantivos. Pero si desea rescatar las personas y los ambientes con los cuales se relacionó, reconstruirá miles de nuevos pensamientos, mas no exactamente lo que pensó.

Del mismo modo, si intenta recordar el día más triste o más alegre de su vida, no rescatará los mismos pensamientos y reacciones emocionales de ese momento. Podrá reconstruir pensamientos y emociones cercanos, pero no exactamente los mismos que sintió. ¿Qué demuestra eso? Que la memoria es especialista en hacernos creadores de nuevas ideas.

El pasado es un gran cimiento para que edifiquemos nuevas experiencias, y no para que vivamos en función de él. Cada vez que vivimos en función del pasado, obstruimos la inteligencia y nos enfermamos, como es el caso de las pérdidas y los ataques de pánico no superados. Por fortuna, nada es estático en la psique, todo puede ser superado y reconstruido.

Cuando usted recuerda una experiencia que tuvo con un amigo de la infancia, una broma en la escuela o un trauma emocional, esa remembranza nunca es un recuerdo puro que contiene todos los pensamientos y reacciones emocionales que usted experimentó en esa época. Siempre será una reconstrucción más próxima o distante de la experiencia original.

La reconstrucción del pasado sufre la influencia de los "colores y sabores" del presente, esto es, de algunas variables, tales como el estado emocional y el ambiente social en el que estamos. Si estuviéramos en una fiesta y recordáramos una experiencia en la que fuimos rechazados, tal vez sintamos apenas un leve dolor, o hasta creer que el hecho fue gracioso. El ambiente social se volvió una variable que desfiguró la reconstrucción.

Su memoria no es una máquina de repetición de información, como las pobres computadoras. Es un centro de creación. ¡Libérese! ¡Sea creativo!

Algunas implicaciones y consecuencias del hecho de que no existe el recuerdo puro:

- Los exámenes escolares cerrados no miden el arte de pensar. A veces anulan el raciocinio de alumnos brillantes.
- La cantidad exagerada de información que se da en la escuela es estresante.
- La mayor parte de la información se pierde en los laberintos de la memoria, y nunca más será recordada.
- El modelo escolar que privilegia la memoria como depósito de conocimiento no forma pensadores, sino repetidores.
- El objetivo fundamental de la memoria es dar soporte a un razonamiento creativo, esquemático, organizacional, y no a recuerdos exactos.

PARTE 5

LA ESCUELA
DE NUESTROS SUEÑOS

*Cuanto mejor sea la calidad de la educación,
menos importante será el papel de la psiquiatría
en el tercer milenio.*

El proyecto Escuela de la Vida

*L*os papeles de la memoria expuestos aquí sintética-
mente, así como los hábitos de los educadores brillantes y fascinantes, generarán diez herramientas
o técnicas psicopedagógicas que pueden ser aplicadas por
los padres y principalmente por los maestros.

Muchos educadores en todo el mundo dicen que no hay
nada nuevo en la educación. Creo que aquí presentaremos
algo nuevo e impactante. Esas técnicas contribuyen a que
cambiemos la educación para siempre. Ellas constituyen
el proyecto Escuela de la Vida, y pueden desarrollar la educación de nuestros sueños. Pueden promover el sueño del
constructivismo de Piaget, del arte de pensar de Vygotsky,
de las inteligencias múltiples de Gardner, de la inteligencia
emocional de Goleman.

Las técnicas no involucrarán cambios en el ambiente
físico y en el material didáctico adoptado, sino en el ambiente social y psíquico de los alumnos y de los maestros.
La aplicación de dichas técnicas en la escuela depende del

material humano: del entrenamiento de los maestros y del cambio en la cultura educacional.

Esas técnicas tienen por objeto la educación de la emoción, la educación de la autoestima, el desarrollo de la solidaridad, de la tolerancia, de la seguridad, del razonamiento esquemático, de la capacidad de gestionar los pensamientos en los focos de tensión, de la habilidad de trabajar pérdidas y frustraciones. En fin, de formar pensadores.

1
Música ambiental
en el salón de clases

*Objetivos de esta técnica: desacelerar el pensamiento,
aliviar la ansiedad, mejorar la concentración,
desarrollar el placer de aprender, educar la emoción.*

J. C. nació prematuro. Como todo niño prematuro, no tuvo tiempo para encajarse en el cuello uterino y quedarse un mes quietecito preparándose para las turbulencias de la vida. Nació de siete meses, cuando todavía hacía malabarismos dentro del útero de su madre. Nació con toda la energía.

Los estímulos del medio ambiente lo alteraban. Desarrolló una ansiedad intensa y se convirtió en un niño hiperactivo. He observado que muchos niños prematuros se vuelven hiperactivos. Su hiperactividad no es genética, sino que se deriva de la falta de psicoadaptación emocional, tan importante al final de la gestación. La psicoadaptación se da cuando el bebé casi no cabe dentro del útero, y por eso tiene que desacelerar sus movimientos y aprender a relajarse.

Cuando era niño, J.C. no lograba quedarse quieto en el pupitre. Era agitado, tenso, repetía los errores, alborotaba a la clase. Nada lo tranquilizaba, ni los regaños de los adultos. Él no era así porque quisiera serlo. Tenía una necesidad vital de alterar el ambiente para aliviar su ansiedad. ¿Concentración? Era un artículo raro. Sólo se concentraba en aquello que le interesaba mucho. Pero, como era un chico muy listo, lo poco que se concentraba en clase era suficiente para que sacara buenas calificaciones.

Con el paso del tiempo aprendió a administrar su ansiedad y a tener proyectos de vida estables. Contó con la ayuda de maestros que aplicaron algunas técnicas que comentaré más adelante. Se convirtió en un profesionista competente. Como todo hiperactivo, tiene un pensamiento acelerado. Pero sabe qué fue lo que le ayudó a ser estable: fue la música clásica. Desde su infancia, su madre le enseñó a apreciarla.

La música clásica desaceleraba sus pensamientos y estabilizaba su emoción. Ejemplos como el de J.C. me ayudaron a comprender el valor de la música para modular el ritmo del pensamiento. Ésa es la primera técnica psicopedagógica: música ambiental durante la exposición de las clases.

Los objetivos de la música en el funcionamiento de la mente

Si la emoción determina la calidad del registro, cuando no hay emoción la transmisión de la información genera dispersión en los alumnos, en vez de placer y concentración. Si hay música ambiental dentro del salón de clases, de preferencia música suave, el conocimiento seco y lógico transmitido por los maestros de matemáticas, física, química o idiomas gana una dimensión emocional. El fenómeno RAM lo registra de manera privilegiada. Sin la emoción, el conocimiento no tiene sabor.

La música ambiental tiene tres grandes metas. Primero, producir la educación musical y emocional. Segundo, generar el placer de aprender durante las clases de matemáticas, física, historia. Platón soñaba con el deleite de aprender (Platón, 1985). Tercero, aliviar el síndrome del pensamiento acelerado (SPA), pues aquieta el pensamiento, mejora la concentración y la asimilación de la información. Debería usarse música ambiental desde la más tierna infancia en la sala de la casa y en el salón de clases.

Los efectos de la música ambiental en el salón de clases son espectaculares. Relajan a los maestros y animan a los alumnos. Los jóvenes aman la música agitada porque sus pensamientos y emociones son agitados. Pero después de seis meses de escuchar música tranquila, su emoción se entrena y estabiliza.

2
Sentar a los alumnos en círculo o en U

Objetivos de esta técnica: desarrollar la seguridad, promover la educación participativa, mejorar la concentración, disminuir conflictos en el salón de clases, disminuir las conversaciones paralelas.

Cierta vez, cuando yo estaba en el quinto grado de enseñanza básica, mi clase fue dividida en grupos. Cada equipo tenía que presentar un trabajo frente a la clase. Muchos de mi grupo se rehusaron a hacer semejante hazaña. Yo, más atrevido, di un paso al frente. Jamás temblé tanto. Mi voz quedó sofocada. Parecía tan fácil hablar dentro de mi cuarto, pero no lograba coordinar mis ideas frente a la clase. Hoy doy conferencias para miles de personas en un auditorio. Pero no fue fácil superar ese conflicto.

¿Por qué es tan difícil hablar sobre nuestras ideas en público? ¿Por qué a muchos se les dificulta levantar la mano y hacer preguntas en un auditorio? ¿Por qué algunas personas son elocuentes y seguras para hablar con sus seres cercanos, pero completamente inhibidas para discutir sus opiniones con extraños o en grupos de trabajo? Una de las grandes causas es el sistema escolar.

A pesar de que parece tan inofensivo colocar a los alumnos en hileras uno detrás de otro en el salón de clases, esta disposición es perjudicial, produce distracciones y obstruye la inteligencia. Colocar a los alumnos en hileras aniquila la espontaneidad y la seguridad para exponer las ideas. Genera un conflicto caracterizado por miedo e inhibición.

El mecanismo es el siguiente: cuando se está en un ambiente social, se detona un fenómeno inconsciente en fracciones de segundos, llamado gatillo de la memoria, que abre ciertos archivos que contienen inseguridad y bloqueos, causando un estrés que obstruye la lectura de otros archivos y dificultando la capacidad de pensar.

Las grandes teorías educacionales no estudiaron los papeles de la memoria. Por eso no percibieron que bastan dos años en los que los alumnos se sienten en hileras en la escuela para generar un trauma inconsciente. Un trauma que produce una gran incomodidad para expresar las opiniones en reuniones, decir "no", discutir dudas en el salón de clases. Algunos adquieren un miedo mayúsculo a recibir críticas, y por eso se callan para siempre. Otros experimentan una gran preocupación por lo que los demás piensan y hablan con respecto a ellos. ¿Usted tiene este trauma?

La escuela clásica provoca conflictos en los alumnos sin darse cuenta. Además de bloquear la capacidad de argumentar, colocar a los alumnos en hileras es un combustible para el síndrome del pensamiento acelerado, el SPA. El pensamiento de los alumnos va a mil por hora.

Ya es difícil, para los adultos, soportar la fatiga, la ansiedad y la inquietud del SPA. Ahora imagine cómo será para los niños y jóvenes obligados a estar sentados, inmóviles, y para colmo, teniendo como paisaje frente a ellos la nuca de sus compañeros de clase. Para no explotar de ansiedad, alborotarán el ambiente, tendrán conversaciones paralelas, molestarán a sus amigos. Es una cuestión de supervivencia. No los culpe a ellos. Culpe al sistema.

¿Cómo resolver ese problema? Haciendo que los alumnos se sienten en media luna, en U o en un doble círculo. Ellos necesitan ver las caras de los demás. Por favor, retiren a los alumnos de las hileras, desde preescolar hasta la universidad. De otra manera, se fomenta la inercia intelectual.

Educar con los ojos: los escultores de la emoción

Atesoren esta frase. El salón de clases no es un ejército de personas calladas en un teatro donde el maestro es el único actor y los alumnos, espectadores pasivos. Todos son actores de la educación. La educación debe ser participativa.

En mi opinión, debería ocuparse una quinta parte del tiempo escolar con los alumnos dando clase frente al grupo. Los maestros se relajarían en ese periodo, y los alumnos se comprometerían con la educación, desarrollarían capacidad crítica, razonamiento esquemático, superarían la fobia social.

Pido a los maestros que presten especial atención a los alumnos tímidos. Ellos sufren de diversos grados de fobia social y son incapaces de expresar sus ideas en público. Estamos fabricando una masa de jóvenes tímidos. Los tímidos hablan poco, pero piensan mucho, y a veces se atormentan con sus pensamientos. Como ya dije, los tímidos suelen ser geniales para los demás, pero pésimos para sí mismos. Son éticos y preocupados por la sociedad, pero no cuidan su calidad de vida.

Los educadores son escultores de la emoción. Eduquen mirando a los ojos, eduquen con gestos: éstos hablan más que las palabras. Sentarse en forma de U o en círculo aquieta el pensamiento, mejora la concentración, disminuye la ansiedad de los alumnos. El ambiente de la clase se vuelve agradable y la interacción social da un gran salto.

3
Exposición interrogada: el arte de la interrogación

Objetivos de esta técnica: aliviar el SPA, reencender la motivación, desarrollar el cuestionamiento, enriquecer la interpretación de textos y enunciados, abrir las ventanas de la inteligencia.

¿*T*odo estrés es negativo? ¡No! El estrés sólo es negativo cuando es intenso, bloquea la inteligencia y causa síntomas. Hay un tipo de estrés positivo que abre las ventanas de la inteligencia y nos estimula a superar obstáculos y a resolver dudas. Sin ese estrés, nuestros sueños se diluyen, nuestra motivación se esfuma. ¿La educación produce estrés positivo o negativo? ¡Con frecuencia negativo! ¿Por qué? Debido a la transmisión del conocimiento frío, digerido y sin sabor.

Esa transmisión crea un ambiente sin desafíos, sin aventura o inspiración intelectual. *Educar es retar la inteligencia, es el arte de los desafíos.* Si un maestro no consigue provocar la inteligencia de sus alumnos durante su exposición, no los está educando. ¿Qué es más importante en la educación: la duda o la respuesta? Muchos piensan que es la respuesta. Pero la respuesta es una de las mayores trampas intelectuales. Lo que determina el tamaño de la respuesta es el tamaño de la duda. La duda nos provoca mucho más que la respuesta.

La duda es el principio de la sabiduría en la filosofía (Durant, 1996). Cuanto más un científico, un ejecutivo, un profesionista dudan de sus verdades y cuestionan el mundo a su alrededor, más expanden el mundo de las ideas y brillan. Los maestros deberían estimular la mente de sus alumnos y provocarles la duda. ¿Cómo?

Al realizar a cada momento la exposición interrogada. Al hablar sobre el átomo, el maestro debería cuestionar: "¿Quién nos garantiza que el átomo existe?", "¿Cómo podemos afirmar que está formado de protones, neutrones y electrones?". Los maestros de matemáticas, de idiomas y de historia deberían aprender a *cuestionar* creativamente el conocimiento que exponen. Las frases "¿Por qué?", "¿Cómo?", "¿Dónde?", "¿Cuál es el fundamento de esto?" deberían formar parte de su rutina.

La exposición interrogada genera la duda, la duda causa estrés positivo, y este estrés abre las ventanas de la inteligencia. Así formamos pensadores, y no repetidores de información. La exposición interrogada conquista primero el territorio de la emoción, después el palco de la lógica y, en tercer lugar, el territorio de la memoria. Los alumnos quedan motivados, se vuelven cuestionadores, y no una masa de personas manipuladas por los medios y por el sistema.

La exposición interrogada transforma la información en conocimiento, y el conocimiento en experiencia. *El mejor maestro no es el más inteligente, sino el que más desafía y estimula la inteligencia.*

Formar mentes libres

Si los alumnos se quedan en la escuela durante cuatro años como meros oyentes de información, dejan de ser cuestionadores del mundo y de sí mismos, y se convierten en espectadores pasivos. En este proceso, algunos jóvenes se vuelven arrogantes e insensibles, adquiriendo ansiedad y rasgos de psicopatía.

¿De qué se alimentan intelectualmente los psicópatas o los dictadores? De las verdades absolutas. Ellos no dudan, no cuestionan sus comportamientos inhumanos. El mundo gira en torno a sus verdades. Lastiman a los demás y no sienten su dolor. Para que un psicópata se libere, necesita aprender a amar el arte de la duda, pues sólo así sabrá reinventarse y ponerse en el lugar de los demás.

Los maestros deben superar el vicio de transmitir el conocimiento digerido, como si fueran verdades absolutas. Incluso porque, cada diez años, muchas verdades de la ciencia se convierten en folclor y pierden su valor.

Entrénese para hacer por lo menos diez interrogaciones o cuestionamientos en cada clase. No piense que esto es tan sencillo, pues exige un entrenamiento de seis meses. La educación emancipa, forma mentes libres (Adorno, 1971) y no robotizadas y controladas por el consumismo, por la paranoia de la estética, por la opinión ajena.

4
Exposición dialogada: el arte de la pregunta

Objetivos de esta técnica: desarrollar la consciencia crítica, promover el debate de ideas, estimular la educación participativa, superar la inseguridad, vencer la timidez, mejorar la concentración.

*O*tra herramienta espectacular para transformar el árido suelo del salón de clases en un campo de flores es la exposición dialogada, ejecutada por el arte de la pregunta. En la exposición interrogada, el profesor cuestiona el conocimiento sin preguntar; en la exposición dialogada plantea innumerables preguntas a sus alumnos. Ambas técnicas se complementan. Veamos.

A través del arte de la pregunta, el maestro estimula todavía más el estrés positivo de la duda. Captura la atención de sus alumnos y se adentra en el territorio de la emoción y en el anfiteatro de sus mentes. *El conocimiento digerido estanca el saber y la duda desafía la inteligencia* (Vygotsky,

1987). Todos los grandes pensadores fueron grandes cuestionadores. Las grandes respuestas emanarán de las grandes preguntas.

¿En qué época es más fácil aprender? ¡En la infancia! ¿Por qué? Porque es la etapa en que más preguntamos y abrimos las ventanas de nuestra mente. Los niños aprenden idiomas con facilidad, no sólo porque su memoria está menos atiborrada de información, sino porque hacen preguntas, interactúan más. ¿Por qué es más fácil aprender un idioma diferente en el país de origen de ese idioma?

El gran motivo es que cuando vamos a otro país, pasamos vergüenzas, enfrentamos dificultades. A esa hora los diplomas y el estatus social casi no tienen valor. Debemos romper nuestra fachada para construir una red de relaciones y sobrevivir. Para eso, tenemos que perder el miedo a preguntar. Esta situación nos estresa y abre los archivos de la memoria de forma espectacular, facilitando el aprendizaje.

Cuando una persona deja de preguntar, deja de aprender, deja de crecer. ¿En qué época los científicos producen sus ideas más brillantes? ¿En la madurez o cuando todavía son inmaduros? Cuando son inmaduros, porque dudan, se estresan y preguntan más. Einstein propuso la teoría de la relatividad a los veintisiete años. Después de que los científicos reciben títulos y aplausos, surgen los problemas. Los mismos títulos y laudos que los reconocen pueden convertirse en el veneno que los mata como pensadores (Cury, 2002). Muchos se vuelven estériles.

Hoy, mis libros se publican en más de cuarenta países. Por ser un investigador de los bastidores de la mente, estoy preocupado, pues aunque yo no quiera, sé que ese éxito ya causó algún estrago en mi inconsciente. Necesito estar alerta, reciclarme y vaciarme continuamente, para seguir siendo un ingeniero de nuevas ideas. ¿Usted dejó de aprender o continúa siendo un aprendiz voraz? Muchos no perciben que han dejado de pensar...

Un maestro fascinante debe hacer por lo menos diez preguntas a los alumnos durante una clase. Primero debe hacer una pregunta dirigida a todo el grupo. La pregunta ya estresa positivamente a los alumnos y mejora la concentración. Si nadie se atreve a responder, el maestro debe llamar a un alumno por su nombre y hacerle la pregunta. Independientemente de la respuesta, se debe elogiar al alumno por su participación. Este procedimiento conquista incluso a los alumnos más distantes.

Un viaje hacia el interior de sí mismos

El arte de la pregunta crea pensadores brillantes en las facultades de medicina, derecho, ingeniería, pedagogía. Pero debe iniciarse en la etapa preescolar. Después de un año de aplicar el arte de la exposición interrogada y dialogada, los alumnos pierden el miedo de expresarse, aprenden a discutir las ideas y se convierten en grandes viajeros. ¿Cómo es esto?

Aprenden a viajar hacia el interior de sí mismos, a preguntarse por qué están angustiados, ansiosos, irritados, solitarios, amedrentados. Aprenden no sólo a cuestionar el mundo de fuera, sino también a hacer una mesa redonda consigo mismos.

Cuando entreno a psicólogos para la atención clínica, siempre les hablo sobre la grandeza de la mesa redonda interior. Quien es capaz de hacer este autodiálogo reedita la película del inconsciente en forma más rápida y eficiente.

No basta con que un paciente haga psicoterapia. Tiene que ser autor de su historia, debe aprender a intervenir en su propio mundo. Pero, por desgracia, es raro que las personas se adentren en su mundo, incluso entre la comunidad médica. Cuando el mundo nos abandona, la soledad es tolerable, pero cuando nosotros mismos nos abandonamos, la soledad es casi insoportable.

El arte de la pregunta forma parte de la educación de nuestros sueños. Transforma el salón de clases y de nuestra emoción en un ambiente poético, agradable, inteligente.

5
Ser narrador de historias

Objetivos de esta técnica: desarrollar la creatividad,
educar la emoción, estimular la sabiduría, expandir
la capacidad de solución en situaciones de tensión,
enriquecer la socialización.

Educar es narrar historias. Contar historias es transformar la vida en la broma más seria de la sociedad. La vida tiene pérdidas y problemas, pero debe vivirse con optimismo, esperanza y alegría. Padres y maestros deben danzar el vals de la vida como narradores de historias.

El mundo es demasiado serio y frío. Las noticias diarias denuncian crímenes, desgracias, muertes, infortunios. Toda esa avalancha de malas noticas se archiva en el mercado de la memoria, creando cadenas de pensamientos que vuelven la vida triste, ansiosa y sin entusiasmo.

Tenemos que vivir con más suavidad. Aprender a reír de nuestras tonterías, comportamientos absurdos, miedos, manías. Debemos contar más historias. Los padres necesitan enseñar a sus hijos creando historias. Los maestros tienen que contar historias para enseñar las materias con el condimento de la alegría y, a veces, de las lágrimas.

Para narrar historias es necesario ejercitar una voz fluctuante, teatralizada, que cambie de tono durante la exposición. Es preciso producir gestos y reacciones capaces de expresar lo que la información lógica no consigue manifestar. Muchos padres y maestros están dotados de una gran cultura académica, pero son rígidos, serios, formales. Ni ellos mismos se soportan.

¿Hay personas que no logran contar historias? No lo creo. Dentro de cada ser humano, incluso de los más formales, hay un payaso que quiere respirar, jugar y relajarse. Déjelo vivir. Sorprenda a los jóvenes. Nuestros hijos requieren una educación seria, pero también agradable. Sonría, abrace a los jóvenes, cuénteles historias.

Gritar dentro del corazón, contar historias suaves

Los "cuentos" pueden rescatar las "historias". La ficción puede rescatar la realidad. ¿Cómo? Un maestro de historia nunca debería hablar de la esclavitud de las personas de color sin rescatar el periodo histórico. La información seca sobre la esclavitud no educa, no sensibiliza, no nos concientiza ni provoca rechazo por los crímenes que nuestra especie ha cometido.

Cuando hable de las personas de color, el profesor de Historia debería crear relatos para hacer que los alumnos entiendan la desesperación, los pensamientos, la angustia de esos seres humanos al ser esclavizados por miembros de su propia especie. Nada mejor que contar una historia real o crear un "cuento" para llevar a los alumnos a vivenciar el drama de la esclavitud.

Sin esa profundización, la esclavitud no genera un sólido impacto emocional. No provoca una rebelión decisiva contra la discriminación. La muerte de millones de judíos, gitanos y otras minorías no produce conmoción, no crea vacunas intelectuales. Otros "Hitlers" se producirán. *Hablar del conocimiento sin humanizarlo, sin rescatar la emoción de la historia, perpetúa nuestras miserias y no las cura.*

Contar historias también es psicoterapéutico. ¿Sabe cuál es la mejor manera de resolver conflictos en el salón de clases? No es agredir, dar gritos estridentes o lanzar un sermón. Estos métodos se utilizan desde la Edad de Piedra, y no funcionan. Pero contar historias atrapa el pensamiento, estimula el análisis.

La próxima vez que un alumno o un hijo le agredan, condúzcalo a pensar. Grite en su interior para educarlo, grite con suavidad, cuéntele una historia. Los jóvenes podrán olvidar sus reglas y sus críticas, pero no olvidarán sus historias.

6
Humanizar el conocimiento

Objetivos de esta técnica: estimular la osadía,
promover la perspicacia, cultivar la creatividad,
incentivar la sabiduría, expandir la capacidad crítica,
formar pensadores.

L a educación clásica comete otro gran error. Se esfuerza por transmitir el conocimiento en el salón de clases, pero rara vez comenta sobre la vida del generador del conocimiento. La información sobre química, física, matemáticas, idiomas, debería tener un rostro, una identidad. ¿Qué significa eso?

Significa humanizar el conocimiento, contar la historia de los científicos que produjeron las ideas que los maestros enseñan. Significa también reconstruir el clima emocional que ellos vivieron cuando investigaban. Significa incluso relatar la ansiedad, los errores, las dificultades y las discriminaciones que sufrieron. Algunos pensadores murieron por defender sus ideas.

La mejor manera de crear personas que no piensan es nutrirlas con un conocimiento sin vida, despersonalizado. Soy un crítico de los materiales didácticos bellísimos que exponen el conocimiento pero desprecian la historia de los científicos. Este tipo de educación causa aversión en los alumnos, no provoca el arte de pensar.

¡Cuántas noches de insomnio, dificultades y turbulencias pasé para desarrollar una nueva teoría sobre el funcionamiento de la mente en un país que no tiene la tradición de producir científicos teóricos! Crear una nueva teoría es más complejo que hacer cientos de investigaciones. Pero no todos valoran ese trabajo.

¿Cuáles son mis cimientos intelectuales? ¿Serán mis éxitos, el reconocimiento de la teoría y su uso en tesis de maestría y doctorado? ¡No! Mis fundamentos son los dolores que pasé, las inseguridades que viví, las angustias que sufrí, la superación de mi caos...

Detrás de cada información dada con tanta simplicidad en la sala de clases, existen las lágrimas, las aventuras y el coraje de los científicos. Pero los alumnos no logran distinguirlos.

Es tan importante hablar de la historia de la ciencia y de la historia de los pensadores como del conocimiento que ellos produjeron. La ciencia sin rostro paraliza la inteligencia, le resta carácter al ser, lo aproxima a la nada (Sartre, 1997). Produce hombres arrogantes y no hombres que piensan. Rara vez un científico causó daños a la humanidad.

Quienes causaron los daños fueron los que utilizaron la ciencia sin consciencia crítica.

Pasión por la ciencia: en busca de aventureros

Dado que genero conocimiento sobre la forma en que construimos pensamientos, siempre me intrigó observar cómo un pensador generaba un conjunto de colegas pensadores en la primera generación, y éstos escaseaban en la segunda. Por ejemplo, muchos jóvenes amigos de Freud se volvieron pensadores, como Jung y Adler. Tras la muerte de Freud, muchos de sus seguidores se cerraron a nuevas posibilidades de pensamiento. Así, ya no expandieron sus ideas, como lo hizo la primera generación, sino que sólo las reprodujeron o las repitieron.

¿Por qué ocurre ese fenómeno inconsciente en la ciencia? Porque la primera generación participó de la historia viva del pensador. Sintió el calor de sus desafíos, de sus persecuciones y de su coraje, y por eso abrió también las ventanas de su inteligencia y se atrevió a crear, a correr riesgos, a proponer algo nuevo. La segunda generación no participó de esa historia, por eso endiosó, y no humanizó, al pensador.

Claro que hay excepciones, pero ese mecanismo es universal. Estuvo presente en la filosofía, en el derecho, en la física, en el sistema político y hasta en el medio de los líderes espirituales. ¿Sabe cuáles son los peores enemigos de una teoría y de una ideología? Son sus defensores más radicales. Hay mucho que hablar sobre eso, pero éste no es el momento.

Ante esto, afirmo convencido que humanizar el conocimiento es fundamental para revolucionar la educación. En caso contrario, asistiremos a miles de congresos de educación que no tendrán efecto intelectual alguno. Los alumnos, incluso los que cursan maestría y doctorado, serán, como máximo, actores coadyuvantes de la evolución científica.

Creo que 10 a 20 por ciento del tiempo de cada clase debería ser utilizado por los maestros para rescatar la historia de los científicos. Esta técnica estimula la pasión por el conocimiento y produce ingenieros de ideas. Los alumnos saldrán con un diploma en la mano y una pasión en el corazón. Serán aventureros que enfrentarán y explorarán el mundo con maestría.

Los jóvenes saldrán de la enseñanza media y universitaria deseando reflejarse en modelos de emprendedores, tales como científicos, médicos, juristas, profesores, en fin, los actores que transforman el mundo, y no en modelos fotográficos y artistas que atraen los reflectores de los medios de la noche a la mañana. El conocimiento sin rostro y la industria fantasiosa del entretenimiento han matado a nuestros verdaderos héroes.

7
Humanizar al maestro: entrecruzar su historia

Objetivos de esta técnica: desarrollar la socialización, estimular la afectividad, construir puentes productivos en las relaciones sociales, estimular la sabiduría, superar conflictos, valorar el "ser".

Antes del siglo XVI, la educación normalmente era impartida por maestros que convivían con los jóvenes. Éstos se apartaban de sus padres durante la adolescencia, aprendían la profesión de herreros, productores de vinos, etcétera. Muchos pagaban un altísimo precio emocional, pues se aislaban de los padres de los siete a los catorce años, lo que perjudicaba la relación afectiva con ellos.

Cuando la escuela se difundió, hubo un gran salto emocional, pues además de la ganancia educativa que tenían en las escuelas, los niños regresaban todos los días para convivir con sus padres. Creció la afectividad entre ellos.

Los padres abrazaban a sus hijos diariamente. En Francia aparecieron palabras como *chéri* (querido). Incluso cambió la arquitectura de las casas. Surgieron los corredores laterales para que los extraños no invadieran el espacio íntimo de la familia.

Al difundirse la escuela, inyectó combustible en las relaciones sociales. Fue un bello comienzo. La familia era una fiesta. Los padres tenían tiempo para sus hijos, los hijos admiraban a sus padres. Pero en los siglos siguientes, las relaciones se distanciaron mucho. Hoy en día, padres e hijos casi no tienen tiempo de conversar. ¿Y la relación escolar? Está peor.

Los maestros y los alumnos comparten el espacio en un salón, pero no se conocen. Pasan muchos años cerca unos de otros, pero son extraños entre ellos. ¿Qué tipo de educación es éste que desprecia la emoción y niega la historia existencial?

Los animales no tienen historia, pues no perciben que son distintos del mundo, pero el ser humano sí percibe esa diferencia y por eso construye una historia y transforma el mundo (Freire, 1998). Las escuelas de pedagogía fallan por no estimular a sus maestros a humanizarse en el salón de clases. Es fundamental humanizar el conocimiento, e imperativo humanizar a los maestros.

Las computadoras pueden informar a los alumnos, pero sólo los maestros son capaces de formarlos. Solamente ellos pueden estimular la creatividad, la superación de conflictos, el encanto por la existencia, la educación para la paz, para el consumo, para el ejercicio de los derechos humanos.

Queridos maestros, cada uno de ustedes tiene una historia fascinante, que contiene lágrimas y alegrías, sueños y frustraciones. Cuéntenles esa historia en pequeñas dosis a sus alumnos durante el año. No se escondan detrás del gis o de su materia. En caso contrario, los temas transversales —responsables de educar para la vida, como la educación para la paz, para el consumo, para el tránsito, para la salud— serán una utopía, estarán en la ley, pero no en el corazón.

La educación moderna está en crisis, porque no está humanizada, separa al pensador del conocimiento, al maestro de la materia, al alumno de la escuela, en fin, separa al sujeto del objeto. Ha producido jóvenes lógicos, que saben lidiar con números y máquinas, pero no con dificultades, conflictos, contradicciones y desafíos. Por eso, rara vez forma ejecutivos y profesionistas excelentes, personas que salen de la monotonía y hacen la diferencia.

Las bajas calificaciones tienen gran valor en la Escuela de la Vida

Encuentren algunas ventanas dentro de la clase para hablar por unos minutos sobre los problemas, metas, fracasos y éxitos que tuvieron en su vida. ¿El resultado? Educarán la emoción. Sus alumnos los amarán, ustedes serán maestros inolvidables. Ellos los identificarán con la materia que ustedes enseñan, tendrán aprecio por sus clases.

Escuchen también a sus alumnos. Adéntrense en su mundo. Descubran quiénes son. *Un maestro influye más en la personalidad de sus alumnos por lo que es que por lo que sabe.*

Queridos padres, ustedes también poseen una historia brillante. Como comenté al principio de este libro, hablen de sí mismos, dejen que sus hijos descubran su mundo. La mejor forma de prepararlos para la vida no es imponer reglas, criticar, regañar, castigar, sino hablar de sus sueños, éxitos, fracasos, inseguridades.

Los educadores fascinantes no son infalibles. Al contrario, reconocen sus errores, cambian de opinión si son convencidos, y no empujan sus verdades "por la garganta" de sus niños y alumnos. Estos comportamientos lúcidos son registrados de manera excelente por el fenómeno RAM (registro automático de la memoria), produciendo un jardín en el mundo consciente e inconsciente de los jóvenes.

Vean este ejemplo. Jesucristo no controlaba a nadie, sólo exponía sus ideas e invitaba a las personas a reflexionar, diciendo: "quien tiene sed...", "quien quiera seguirme...". Estimulaba el arte de pensar. Los grandes pacificadores, como Platón, Buda, Mahoma, Gandhi, querían formar hombres libres.

En la escuela de la vida, las bajas calificaciones nos ayudan más que las altas. En ciertas situaciones, fallar puede generar una experiencia más rica que acertar. Debemos hablar de nuestras victorias, pero también de nuestras frustraciones. Hay muchos jóvenes deprimidos y fóbicos implorando, con sus gestos y actitudes, que un maestro les cuente una historia que les ayude.

Cierta vez, una coordinadora pedagógica de una gran

escuela, que asistió a una de mis conferencias, motivada por la exposición, se levantó ante la audiencia y contó una historia conmovedora. Dijo que hacía algunos meses, una de las alumnas la buscó para conversar sobre un problema.

La alumna estaba visiblemente abatida, pero la coordinadora dijo que en ese momento no tenía tiempo y postergó la conversación para otro día. Por desgracia no hubo tiempo, pues la joven se quitó la vida antes. Nunca unos pocos minutos fueron tan importantes.

¡Cuántos conflictos podrían evitarse a través de una educación humanizada! Estoy convencido de que los maestros que lean este libro y comiencen a entrar en el mundo de sus alumnos agresivos, ansiosos o reprimidos, evitarán no sólo muchos suicidios, sino también masacres en las que los jóvenes toman las armas y salen disparando contra sus compañeros y maestros.

Antes de cometer esos crímenes, los jóvenes gritaron de diversas maneras pidiendo ayuda, pero nadie los escuchó. Clamaron, pero nadie entendió su mensaje. Muchas personas me han dicho que el diálogo que mantuve con ellas evitó que renunciaran a la vida. Cuando las escuchamos, ellas también se escuchan y encuentran sus caminos. Pero son muchos los que tienen miedo de escuchar.

No piensen que la prevención de conflictos es una tarea sólo de psiquiatras y psicólogos, porque es una minoría la que busca ayuda psicológica. Los maestros pueden hacer mucho más de lo que imaginan.

La conquista de ventajas competitivas

Por favor, permítame insistir en este punto, pues nunca está de más enfatizar. La educación está equivocada en todo el mundo. Las escuelas nacieron sin una comprensión profunda de los papeles de la memoria y del proceso de construcción de los pensamientos. Aunque carezcamos de datos estadísticos, creo, como ya dije, que por lo menos 90 por ciento de la información que aprendemos en el salón de clase nunca será recordada.

Abarrotamos la memoria y no sabemos qué hacer con tanta información. La memoria es especialista en sustentar el florecimiento de nuevos pensamientos, la creatividad de la inteligencia. Demos menos información y entrecrucemos más nuestras historias.

Existen muchas escuelas que sólo se preocupan por preparar a los alumnos para entrar en las mejores universidades. Su error es enfocarse solamente en este objetivo. Aunque entren en las mejores escuelas, esos alumnos, cuando salgan de ellas, podrían tener enormes dificultades para solucionar sus desafíos profesionales y personales.

El sistema educativo está enfermo. Sobrepase el contenido programático. *Pido a los maestros: encuentren espacios para humanizar el conocimiento, humanizar su historia y estimular el arte de la duda.* Sus alumnos no sólo darán un salto intelectual, sino que tendrán ventajas competitivas. ¿Cuáles?

Serán emprendedores, sabrán tomar decisiones, correrán riesgos para concretar sus metas, soportarán los inviernos de la vida con dignidad. Serán más saludables emocionalmente. Tendrán menos probabilidades de desarrollar conflictos y requerir un tratamiento psicológico.

8
Educar la autoestima: elogiar antes de criticar

Objetivos de esta técnica: educar la emoción y la autoestima, vacunar contra la discriminación, promover la solidaridad, resolver conflictos en el salón de clases, filtrar los estímulos estresantes, trabajar las pérdidas y frustraciones.

El elogio alivia las heridas del alma, educa la emoción y la autoestima. Elogiar es dar ánimos y realzar las características positivas. Hay padres y maestros que nunca elogiaron a sus hijos y alumnos.

Mi libro *Tú eres insustituible* se convirtió en un gran fenómeno editorial en muchos países, no por la grandeza del escritor, sino porque en él elogio a la vida. Cuento que todos cometemos locuras de amor para estar vivos. Fuimos los mayores alpinistas y los mejores nadadores del mundo para ganar la mayor competencia de la historia, una competencia con más de 40 millones de participantes. ¿Cuál era esa competencia?

La competencia del espermatozoide para fecundar al óvulo. Fue una gran aventura. Muchos jóvenes dicen que no pidieron nacer. Otros se desaniman ante cualquier problema. Aun otros creen que nada da resultado en su vida. Pero todos nacemos vencedores. Todas las dificultades actuales son caramelos comparados con los graves riesgos que enfrentamos para estar vivos en el teatro de la existencia. Los maestros tienen que comunicar esta historia a sus alumnos. Una historia que ha contribuido a crear una sólida autoestima.

¿Cómo ayudar a un alumno o a un hijo que falló, agredió, tuvo reacciones inadmisibles? Uno de los mayores secretos es usar la técnica de elogiar-criticar. Primero elogie algunas de sus características. El elogio estimula el placer, y el placer abre las ventanas de la memoria. Momentos después, usted puede criticarlo y llevarlo a reflexionar sobre su falla.

Criticar sin antes elogiar obstruye la inteligencia, lleva al joven a reaccionar por instinto, como un animal amenazado. El ser humano más agresivo se derrite ante un elogio, y queda así desarmado para recibir ayuda. Muchos asesinatos podrían evitarse si, en el primer minuto de tensión, la persona amenazada elogiara a su agresor.

Cierta vez, vino a mi consultorio un hombre de origen alemán, cuyos abuelos sufrieron el trauma de la guerra. Era un sujeto muy agresivo. Decía que mataría a cualquiera que se atravesara en su camino, incluso a sus hijos. En una consulta dije algo que no le gustó, y él sacó un arma que traía escondida y me amenazó. ¿Sabe lo que hice?

No me intimidé. Lo miré directamente a los ojos y lo elogié. Le dije: "¿Cómo puede un hombre inteligente necesitar un arma para exponer sus ideas?". Y continué: "¿Usted sabe que tiene una gran capacidad intelectual, y que a través de ella puede conquistar a cualquier persona?".

El elogio le sorprendió. Su rabia se derritió como hielo al sol del mediodía. Comenzó a llorar. A partir de ese momento, tuvo una excelente evolución en su tratamiento. Se volvió un ser humano amable. Si yo no hubiera tenido esa conducta, tal vez no estaría aquí escribiendo.

Vacunar contra la discriminación

Experimente elogiar a su esposa, su marido, sus hijos, sus alumnos, sus compañeros de trabajo antes de criticarlos. Siempre hay un motivo que valorar. Encuéntrelo. Después de elogiarlos, haga su crítica, pero dígala una sola vez. La repetición de las palabras críticas no genera el momento educativo, sino su registro privilegiado. Si usa esa técnica durante algunos meses, su relación social se volverá totalmente diferente. Usted será capaz de conquistar a las personas más gélidas e insoportables.

No hay jóvenes problemáticos, sino jóvenes que están pasando por problemas. Elogie a los jóvenes tímidos, obesos, discriminados, hiperactivos, difíciles, agresivos. Anime a aquellos de quienes otros se burlan, los que se sienten minimizados. *Ser educador es ser promotor de la autoestima.*

Si yo pudiera, iría de escuela en escuela en varias partes del mundo, entrenando a los maestros para que comprendieran el funcionamiento de la mente y entendieran que en el pequeño espacio escolar se desencadenan grandes traumas emocionales. En vez de los elogios, existen críticas agresivas. Con frecuencia, los alumnos se lastiman seriamente unos a otros.

No permita, bajo ninguna circunstancia, que los alumnos llamen a sus compañeros "ballena" o "elefante" por ser obesos. Usted no imagina la grieta emocional que esos apodos provocan en el territorio del inconsciente. No les permita que hablen peyorativamente de los defectos físicos y del color de la piel de los demás. Esas bromas no tienen nada de ingenuas. Producen graves conflictos que ya no se borran, sólo se reeditan. La discriminación es un cáncer, una mancha que siempre empañó nuestra historia.

Desde muy temprano enseñé a mis hijas a percibir que detrás de cada ser humano existe un mundo por descubrir. Ellas han aprendido a vacunarse contra la discriminación. Yo soy de origen europeo y oriental. ¿Sabe cuál es el color de las dos muñecas de mis hijas menores, que tienen nueve y diez años? Negro. Ellas duermen felices con sus muñecas de color negro, a pesar de que somos blancos. Yo no interferí en esa elección. Ellas aprendieron a amar la vida.

Enseñe a los jóvenes, con palabras y sobre todo con actitudes, a amar a la especie humana. Comente que, por encima de ser estadunidenses, árabes, judíos, blancos, afroamericanos, ricos y pobres, somos una especie fascinante. En los bastidores de nuestra inteligencia, somos más iguales de lo que imaginamos. Elogie la vida. *Conduzca a los jóvenes a soñar. Si ellos dejan de creer en la vida, no habrá futuro.*

9
Gestionar los pensamientos y las emociones

Objetivos de esta técnica: rescatar el liderazgo del yo, resolver el SPA, prevenir conflictos, proteger los territorios de la memoria, promover la seguridad desarrollar el espíritu emprendedor, proteger la emoción en los focos de tensión.

Cierta vez, una estudiante de ingeniería me buscó quejándose de depresión. Había pasado ya por siete psiquiatras y había tomado casi todos los tipos de antidepresivos. Estaba desanimada. La vida no tenía color. La esperanza se había disipado. El dolor de la depresión, que es el último estadio del sufrimiento humano, le había robado el sentido de la vida. Quedé conmovido por su insolvencia emocional.

Le dije que no debería de conformarse con ser una enferma. Ella podía cambiar el juego. El rescate del liderazgo del yo sería capaz de potencializar el efecto de los medicamentos y recuperar su encanto por la vida. Afirmé que ella tenía dentro de sí herramientas que estaban subutilizadas. Comenté que, a pesar de ser importante, la medicación era un actor coadyuvante del tratamiento. ¿Quién es el actor principal? La gestión de los pensamientos negativos y de las emociones angustiantes.

Ella aprendió que toda la basura que pasaba por el escenario de su mente era registrada automáticamente en la memoria y ya no podía ser borrada, sólo reeditada. Comprendió que no sólo debía entender los infortunios de su pasado para hacer esa reedición, sino también criticar cada pensamiento negativo y cada emoción perturbadora.

Así, esta joven frágil poco a poco dejó de ser víctima de sus problemas, y comenzó a reescribir su historia y a contemplar lo bello. Las flores aparecieron después de un largo invierno insoportable. Se volvió más hermosa. Todos los que pasan por el caos de la depresión, del pánico, de las fobias, de las pérdidas, y los superan, embellecen interiormente.

La autoconmiseración, el conformismo, la falta de garra para luchar, son serios obstáculos para superar un trastorno emocional. La gestión de los pensamientos es el punto central del tratamiento psicoterapéutico de cualquier corriente de pensamiento. Sin embargo, también tenemos que entender que esta gestión es el punto central de la educación, a pesar de la limitada comprensión que la ciencia tiene sobre este asunto.

Si los jóvenes no aprenden a gestionar sus pensamientos serán un barco sin timón, títeres de sus problemas. La tarea más importante de la educación es transformar el ser humano en líder de sí mismo, líder de sus pensamientos y emociones.

En todo el mundo, las escuelas enseñan a los alumnos a dirigir empresas y máquinas, pero no los preparan para ser directores del guion de sus pensamientos. Es incontable la cantidad de personas que tienen éxito profesional, pero que son esclavas de sus pensamientos. Su vida emocional es miserable. Enfrentan el mundo, pero no saben remover los escombros de su mente.

He tratado a médicos, abogados, empresarios, que son inteligentes para lidiar con problemas objetivos. Sin embargo, una ofensa los derrota, una crítica los destruye, una decepción con sus seres cercanos les provoca una gran ansiedad. Son fuertes en el mundo externo, pero líderes frágiles en los territorios de su psique.

Liberarse de la cárcel intelectual

Los maestros fascinantes deben ayudar a sus alumnos a liberarse de la cárcel intelectual. ¿Cómo? Independientemente de la materia que enseñen, deben mostrar a sus alumnos, por lo menos una vez a la semana, que pueden y deben gestionar sus pensamientos y emociones.

Sea contando historias o hablando directamente, los maestros deben comentar que si el yo, que representa la voluntad consciente, no se convierte en el líder de los pensamientos, será sometido. No puede haber dos señores. Deben mencionar que el ser humano tiene la tendencia a ser un verdugo de sí mismo. Necesitan enfatizar que nuestros peores enemigos están en nuestro interior. Sólo nosotros mismos podemos impedir que seamos felices y saludables.

De la misma manera, los padres deben enseñar a sus niños y adolescentes a criticar sus propias ideas negativas, a voltear la mesa en contra de sus miedos, a enfrentar sus resentimientos y timidez. En mi opinión, la gestión de los pensamientos es uno de los descubrimientos más importantes de la ciencia actual, que posee una gran aplicación en la educación y en la psicología. Pero la educación, las escuelas de pedagogía y las facultades de psicología todavía están adormecidas en esta área. Somos especialistas en formar personas pasivas.

¿De qué sirve aprender a resolver las ecuaciones matemáticas, si nuestros jóvenes no aprenden a resolver los problemas de la vida; de qué sirve aprender idiomas si no saben hablar de sí mismos?

Ya es hora de crear autores y no víctimas de su propia historia. Ya es tiempo de prevenir las enfermedades emocionales entre los jóvenes, en vez de esperar para tratarlas una vez que han aflorado. Los jóvenes necesitan una educación sorprendente.

10
Participar en proyectos sociales

Objetivos de esta técnica: desarrollar la
responsabilidad social, promover la ciudadanía,
cultivar la solidaridad, expandir la capacidad de
trabajar en equipo, trabajar los temas transversales:
la educación para la salud, para la paz, para los
derechos humanos.

*L*levar a los jóvenes a comprometerse con proyectos sociales es la décima técnica pedagógica que propongo. El compromiso social debe ser la gran meta de la educación. Sin él, crecerán el individualismo, el egoísmo y el control de unos sobre otros.

Participar en campañas de prevención contra el sida, las drogas, la violencia, el combate del hambre, puede contribuir para que los jóvenes sean saludables mental y socialmente. Como vimos, ellos aman el veneno del consumismo y del placer inmediato. Muchos sólo se importan a sí mismos. Pero, reitero, ellos no tienen la culpa. Hay millones de imágenes grabadas en su memoria consciente e inconsciente que los controlan sin que ellos se den cuenta.

En realidad, todos somos víctimas del sistema que creamos. Perdemos cada vez más nuestra identidad, nos convertimos en una cuenta bancaria, un número de tarjeta de crédito, un consumidor en potencia. Mi crítica tiene fundamento. El sistema social se infiltra en la caja de secretos de la personalidad, haciendo escasa la producción de pensamientos sencillos, tranquilos, serenos.

En la investigación que realicé con cerca de mil educadores sobre su opinión con respecto a la calidad de vida de los jóvenes, los resultados fueron terribles. Ellos consideran que 94 por ciento de los jóvenes son agresivos y 6 por ciento, tranquilos; 95 por ciento están alienados y 4 por ciento se preocupan por su futuro. ¿Hacia dónde se dirige la educación?

Jóvenes que hacen la diferencia

Los jóvenes que son determinados, creativos y emprendedores sobrevivirán en el sistema competitivo. Los que carecen de metas y de la osadía para realizar sus proyectos podrían vivir a la sombra de sus padres y engrosar las filas de los desempleados. Los jóvenes descalificados intelectualmente perjudican el futuro de una nación. ¿Por qué aumenta y disminuye la riqueza de las naciones? ¿Por qué las riquezas familiares no duran hasta la tercera generación? A causa del material humano.

Tenemos que calificar a nuestros hijos y alumnos. Ellos deben sentirse importantes en la escuela, necesitan ser entrenados para ser líderes. Deben participar en las decisiones familiares, como la compra de un auto, el itinerario de los viajes, la ida a restaurantes y hasta en el presupuesto familiar. Es necesario que aprendan a tomar decisiones. Así aprenderán una dura lección: *toda elección implica pérdidas y no sólo ganancias.*

El síndrome SPA deja a nuestros hijos agitados. Ellos detestan la rutina y por eso reclaman que "no tienen nada que hacer". Tienen mucho que hacer, pero la rutina exacerba la ansiedad. Si los involucramos en proyectos sociales, sus vidas darán un giro. Su emoción será estructurada, su pensamiento se aquietará y de paso aprenderán la importancia de servir.

¿Cómo podrán subir al podio si desprecian el entrenamiento? ¿Cómo brillarán en la sociedad si no están conectados con ella? Considerar a nuestros hijos y alumnos meros receptores de información y consumidores de bienes materiales es un insulto a su inteligencia.

Tenemos que formar jóvenes que hagan la diferencia en el mundo, que propongan cambios, que rescaten su sentido existencial y el sentido de las cosas (Ricœur, 1960). Una de las causas que llevan a millones de jóvenes a consumir drogas, a tener depresión, a ser alienados y hasta a pensar en suicidarse es que no tienen un sentido de la vida ni un compromiso social.

El aburrimiento los consume. Por eso, en una actitud insana, caen en el consumo de drogas, en un intento por aliviar su angustia y su ansiedad, y no sólo para saciar su curiosidad. Muchos jóvenes consumen drogas como antidepresivos y tranquilizantes. Lamentablemente, esta actitud los lleva a vivir en la prisión más dramática: la cárcel de la emoción.

La educación no necesita una reforma, sino una revolución. La educación del futuro debe formar pensadores, emprendedores, soñadores, líderes, no sólo del mundo en el que estamos, sino del mundo que somos.

Aplicación de las técnicas del proyecto Escuela de la Vida

No podemos olvidar que los maestros de todo el mundo están enfermando colectivamente. Los maestros no son cocineros del conocimiento, pero preparan el alimento para una audiencia sin apetito. Cualquier madre se pone un poco paranoica cuando sus hijos no se alimentan. ¿Cómo exigir salud de los maestros si sus alumnos tienen anorexia intelectual? Es a causa de su propia salud, y de la salud de sus alumnos, que la educación tiene que ser reconstruida.

Las escuelas que ya aplican las diez técnicas pedagógicas del proyecto Escuela de la Vida están presenciando algo maravilloso. El estrés de los maestros y los gritos implorando silencio disminuyeron. Se atenuaron los niveles de ansiedad, las conversaciones paralelas y los conflictos entre los alumnos. La concentración, el placer de aprender y la participación aumentaron.

Una directora de una escuela pública que leía mis libros me pidió ayuda ansiosamente. Ella llamaba con frecuencia a la policía para contener la agresividad entre los alumnos. Conmovido, entrené a los profesores, que aplicaron todas esas técnicas durante un año. ¿El resultado? Además de todas las ganancias intelectuales que ya cité, no hubo más necesidad de llamar a la policía. Los gritos cesaron, los alumnos se calmaron, surgió el respeto.

En esa escuela pública sólo hay enseñanza básica. Cuando los alumnos entraron en otra escuela para cursar la enseñanza media, los maestros se quedaron impresionados por su tranquilidad. Ellos se convirtieron en poetas de la vida.

Ante tales cambios tan grandes, la directora me dijo: "¡No puedo creer que eso haya ocurrido en mi escuela!". Yo no hice mucho, son los maestros quienes merecen todos los aplausos. Tal vez ésta sea una de las rarísimas experiencias mundiales de cambios significativos en la dinámica de la personalidad y en el proceso educativo con la aplicación de técnicas psicopedagógicas. Lo mejor de todo es que la aplicación de esas técnicas no implica dinero. Da origen a la escuela de nuestros sueños. Espero que miles de escuelas en todo el mundo entren en ese sueño.

¿Cuál es la escuela de sus sueños? Para mí, es la escuela que educa a los jóvenes para sacar fuerza de la fragilidad, seguridad de la tierra del miedo, esperanza de la desolación, sonrisa de las lágrimas y sabiduría de los fracasos.

La escuela de mis sueños une la seriedad de un ejecutivo con la alegría de un payaso, la fuerza de la lógica con la sencillez del amor. *En la escuela de mis sueños, cada niño es una joya única en el teatro de la existencia, más importante que todo el dinero del mundo.* En ella, los profesores y los alumnos escriben una bellísima historia, son jardineros que convierten el salón de clases en un crisol de pensadores.

¿Cuál es la familia de sus sueños? La familia de mis sueños no es perfecta. No tiene padres infalibles, ni hijos que no causan frustraciones. Es aquella en la que padres e hijos tienen el valor de decirse: "Yo te amo", "Exageré", "Discúlpame", "Ustedes son importantes para mí".

En la familia de mis sueños no hay héroes ni gigantes, sino amigos. Amigos que sueñan, aman y lloran juntos. En ella, los padres se ríen cuando pierden la paciencia y los hijos se burlan de su propia obstinación. La familia de mis sueños es una fiesta. Un lugar sencillo, donde hay gente feliz.

PARTE 6

LA HISTORIA DE LA GRAN TORRE

*Si la mitad del presupuesto de los gastos militares en el
mundo se invirtiera en la educación, los generales se volverían
jardineros; los policías, poetas; los psiquiatras, músicos.
La violencia, el hambre, el miedo, el terrorismo y los problemas
emocionales estarían en las páginas de los diccionarios
y no en las páginas de la vida...*

¿Cuáles son los profesionales más importantes de la sociedad?

Para finalizar este libro, contaré una historia que revela la peligrosa dirección hacia la que está caminando la sociedad, la crisis de la educación y la importancia de los padres y de los maestros como constructores de un mundo mejor. He contado esta historia en muchas conferencias, incluso en congresos internacionales. Muchos educadores quedan tan sensibilizados que derraman lágrimas.

En un tiempo muy distante del nuestro, la humanidad se volvió tan caótica que los hombres hicieron un gran concurso. Querían saber cuál era la profesión más importante de la sociedad. Los organizadores del evento construyeron una gran torre dentro de un enorme estadio con escalones de oro, incrustados de piedras preciosas. La torre era bellísima. Convocaron a la prensa mundial, a la televisión, a los periódicos, las revistas y las estaciones de radio para que realizaran la cobertura.

El mundo estaba al tanto del evento. En el estadio, personas de todas las clases sociales se apretujaban para ver la competencia de cerca. Las reglas eran las siguientes: cada profesión estaba representada por un ilustre orador, quien debería subir rápidamente un escalón de la torre y dar un discurso elocuente y convincente sobre los motivos por los cuales su profesión era la más importante de la sociedad moderna. El orador tenía que permanecer en la torre hasta el final de la competencia. La votación era mundial y por internet.

Naciones y grandes empresas patrocinaban el concurso. La categoría vencedora recibiría prestigio social, una gran suma de dinero y subsidios del gobierno. Establecidas las reglas, comenzó la competencia. El mediador del concurso gritó: "¡El espacio está abierto!".

¿Saben quién subió primero a la torre? ¿Los educadores? ¡No! El representante de mi clase, la de los psiquiatras.

Él subió a la torre y proclamó a todo pulmón: "Las sociedades modernas se convertirán en una fábrica de estrés. La depresión y la ansiedad son las enfermedades del siglo. Las personas han perdido el encanto por la existencia. Muchas renuncian a vivir. La industria de los antidepresivos y de los tranquilizantes se volvió la más importante del mundo". A continuación, el orador hizo una pausa. El público, asombrado, escuchaba atentamente sus contundentes argumentos.

El representante de los psiquiatras concluyó: "Lo normal es tener conflictos, y lo anormal es ser saludable. ¿Qué sería de la humanidad sin los psiquiatras? ¡Un albergue de seres

humanos sin calidad de vida! ¡Porque vivimos en una sociedad enferma, declaro que somos, junto con los psicólogos
clínicos, los profesionales más importantes de la sociedad!".

En el estadio reinó el silencio. Muchas personas del público se miraron a sí mismas y se dieron cuenta de que no
eran felices, que estaban estresadas, dormían mal, desperta-
ban cansadas, tenían una mente agitada, dolores de cabeza.
Millones de espectadores se quedaron con la voz embarga-
da de emoción. Los psiquiatras parecían invencibles.

Enseguida, el mediador gritó: "¡El espacio está abierto!".
¿Sabe quién subió después? ¿Los maestros? ¡No! El representante de los magistrados, los jueces de la ley.

Él subió a un escalón más alto y en un gesto de osadía
profirió unas palabras que sorprendieron a los oyentes: "¡Ob-
serven los índices de violencia! No dejan de aumentar. Los
secuestros, los asaltos y la violencia en el tránsito llenan las
páginas de los periódicos. La agresividad en las escuelas, el
maltrato infantil, la discriminación racial y social forman
parte de nuestra rutina. Los hombres aman sus derechos y
desprecian sus deberes".

Los oyentes asintieron, concordando con los argumentos. Entonces, el representante de los magistrados fue aún
más contundente: "El tráfico de drogas mueve tanto dinero
como el petróleo. No hay forma de extirpar al crimen orga-
nizado. Si ustedes quieren seguridad, enciérrense en sus
casas, pues la libertad pertenece a los criminales. Sin los
jueces y fiscales, la sociedad se pulverizaría. Por eso, declaro, con el apoyo de los fiscales y del aparato policiaco, que
representamos a la clase más importante de la sociedad".

Todos tragaron en seco ante esas palabras, que perturbaban sus oídos y quemaban su alma. Pero parecían irrefutables. Otro momento de silencio, ahora más prolongado. Intervino de nuevo el mediador, quien, ya sudando frío, dijo: "¡El espacio está nuevamente abierto!".

Otro representante, más intrépido, subió a un escalón más alto de la torre. ¿Sabe quién fue esta vez? ¿Los educadores? ¡No!

Fue el representante de las fuerzas armadas. Con una voz vibrante y sin más preámbulo, sostuvo: "Los hombres desprecian el valor de la vida. Se matan por muy poco. El terrorismo elimina a miles de personas. La guerra comercial mata de hambre a millones. La especie humana se pulverizó en decenas de tribus. Las naciones sólo se respetan por la economía y por las armas que poseen. Quien quiera la paz tiene que prepararse para la guerra. Los poderes económico y bélico, y no el diálogo, son los factores de equilibrio en un mundo espurio".

Sus palabras causaron revuelo entre los oyentes, pero eran incuestionables. Después, el orador concluyó: "Sin las fuerzas armadas no habría seguridad. El sueño sería una pesadilla. Por eso declaro, se acepte o no, que los hombres de las fuerzas armadas no sólo son la clase profesional más importante, sino también la más poderosa". El alma de los oyentes se congeló. Todos quedaron atónitos.

Los argumentos de los tres oradores eran fortísimos. La sociedad se había convertido en un caos. Las personas de todo el mundo, perplejas, no sabían qué actitud tomar:

si aclamar a un orador, o si llorar por la crisis de la especie humana, que no honró su capacidad de pensar.

Nadie más se atrevió a subir a la torre. ¿Por quién votarían?

Cuando todos pensaban que la competencia había terminado, se escuchó una conversación al pie de la torre. ¿De quién se trataba? Esta vez eran los maestros. Había un grupo de maestros de preescolar, de enseñanza básica, media y universitaria. Estaban reclinados en la torre dialogando con un grupo de padres. Nadie sabía qué estaban haciendo. La televisión los enfocó y proyectó su imagen en una pantalla. El mediador gritó para que uno de ellos subiera a la torre. Ellos se rehusaron.

El mediador los provocó: "Siempre hay cobardes en una competencia". Se escucharon risas en el estadio. Se burlaron de los maestros y de los padres.

Cuando todos pensaban que ellos eran débiles, los maestros, incentivados por los padres, comenzaron a debatir las ideas, permaneciendo en el mismo lugar. Todos se hacían representar.

Uno de los maestros, mirando hacia lo alto, le dijo al representante de los psiquiatras: "Nosotros no queremos ser más importantes que ustedes. Sólo queremos tener las condiciones para educar la emoción de nuestros alumnos, formar jóvenes libres y felices, para que ellos no se enfermen y tengan que ser tratados por ustedes". El representante de los psiquiatras recibió un golpe en el alma.

A continuación, otro profesor que estaba del lado derecho de la torre miró al representante de los magistrados y dijo: "Jamás tuvimos la pretensión de ser más importantes que los jueces. Sólo deseamos tener las condiciones para pulir la inteligencia de nuestros jóvenes, haciéndoles amar el arte de pensar y aprender la grandeza de los derechos y de los deberes humanos. Así, esperamos que jamás se sienten en el banquillo de los acusados". El representante de los magistrados tembló en la torre.

Una maestra del lado izquierdo de la torre, aparentemente tímida, encaró al representante de las fuerzas armadas y habló poéticamente: "Los maestros de todo el mundo nunca desearon ser más poderosos ni más importantes que los miembros de las fuerzas armadas. Sólo deseamos ser importantes en el corazón de nuestros niños. Aspiramos a llevarlos a comprender que cada ser humano ya no es un número más en la multitud, sino un ser insustituible, un actor único en el teatro de la existencia".

La maestra hizo una pausa y completó: "Así, ellos se enamorarán de la vida, y cuando estén en control de la sociedad, nunca harán guerras, sean guerras físicas que quitan la sangre, sean las comerciales que quitan el pan. Pues creemos que los débiles usan la fuerza, pero los fuertes emplean el diálogo para resolver sus conflictos. Creemos además que la vida es la obra maestra de Dios, un espectáculo que jamás debe ser interrumpido por la violencia humana".

Los padres deliraron de alegría con esas palabras. Pero el representante de los jueces casi se cae de la torre.

No se escuchaba ni un zumbido entre el público. El mundo se quedó perplejo. Las personas no imaginaban que los simples maestros que vivían en el pequeño mundo de los salones de clase fueran tan sabios. El discurso de los maestros impresionó a los líderes del concurso.

Al ver amenazado el éxito de la competencia, el mediador del evento dijo con arrogancia: "¡Soñadores! ¡Ustedes viven fuera de la realidad!". Un profesor temerario gritó con sensibilidad: "¡Si dejamos de soñar, moriremos!".

Sintiéndose cuestionado, el organizador del evento tomó el micrófono y fue más lejos en la intención de lastimar a los maestros: "¿A quién le importan los maestros en la actualidad? Compárense con otras profesiones. Ustedes no participan en las más importantes reuniones políticas. La prensa rara vez los menciona. A la sociedad le importa poco la escuela. ¡Miren el salario que ustedes reciben a finales de mes!". Una profesora lo miró fijamente y le dijo con seguridad: "No trabajamos sólo por el salario, sino por el amor de sus hijos y de todos los jóvenes del mundo".

Indignado, el líder del evento gritó: "Su profesión se ha extinguido en las sociedades modernas. ¡Las computadores los están sustituyendo! Ustedes son indignos de estar en esta competencia".

La audiencia, manipulada, cambió de bando. Condenaron a los maestros. Exaltaron la educación virtual. Gritaron a coro: "¡Computadoras! ¡Computadoras! ¡Abajo los maestros!". El estadio entero entró en delirio repitiendo esta frase. Sepultaron a los maestros. Los profesores nunca habían sido tan humillados. Golpeados por esas palabras, decidieron abandonar la torre. ¿Y sabe lo que ocurrió?

La torre se derrumbó. Nadie lo imaginaba, pero eran los maestros y los padres quienes sostenían la torre. La

escena fue impactante. Los oradores fueron hospitaliza-
dos. Los maestros entonces tomaron otra actitud inimagi-
nable: abandonaron, por primera vez, los salones de clase.

Intentaron sustituirlos con computadoras, dando una
máquina a cada alumno. Usaron las mejores técnicas mul-
timedia. ¿Sabe lo que sucedió?

La sociedad se desplomó. Las injusticias y las miserias
del alma aumentaron todavía más. El dolor y las lágrimas
se expandieron. La cárcel de la depresión, del miedo y de la
ansiedad alcanzó a gran parte de la población. La violencia y
los crímenes se multiplicaron. La convivencia entre las personas, ya de por sí difícil, se volvió intolerable. La especie
humana gimió de dolor. Corría el riesgo de no sobrevivir...

Estremecidos, todos entendieron que las computadoras
no podían enseñar la sabiduría, la solidaridad y el amor por
la vida. El público nunca pensó que los maestros fueran los
cimientos de las profesiones y el sustento de lo que es más
lúcido e inteligente entre nosotros. Se descubrió que la poca
luz que entraba en la sociedad venía del corazón de los maestros y de los padres que educaban arduamente a sus hijos.

Todos entendieron que la sociedad atravesaba por una
noche larga y nebulosa. La ciencia, la política y el dinero no
lograban superarla. Se dieron cuenta de que la esperanza
de un bello amanecer reside en cada padre, cada madre y
cada maestro, y no en los psiquiatras, los jueces, los militares, la prensa...

No importa si los padres viven en un palacio o en una
choza, y si los maestros dan clase en una escuela suntuosa
o pobre: ellos son la esperanza del mundo.

Ante eso, los políticos, los representantes de las clases profesionales y los empresarios hicieron una reunión con los maestros en cada ciudad de cada nación. Reconocieron que habían cometido un crimen contra la educación. Pidieron disculpas y les rogaron que no abandonaran a sus hijos.

A continuación, hicieron una gran promesa. Afirmaron que la mitad del presupuesto que gastaban en armas, en el aparato policiaco y en la industria de los tranquilizantes y los antidepresivos, sería invertida en la educación. Prometieron rescatar la dignidad de los maestros, y brindar las condiciones para que cada niño de la Tierra fuera nutrido con alimentos para su cuerpo y con conocimiento para su alma. Ninguno de ellos volvería a quedarse sin escuela.

Los maestros lloraron. Quedaron conmovidos con esa promesa. Hacía siglos que esperaban que la sociedad despertara al drama de la educación. Por desgracia, la sociedad sólo despertó cuando las miserias sociales alcanzaron alturas insoportables.

Pero como siempre habían trabajado como héroes anónimos, y siempre se apasionaron con cada niño, cada adolescente y cada joven, los maestros decidieron regresar al salón de clases y enseñar a cada alumno a navegar por las aguas de la emoción.

Por primera vez, la sociedad puso a la educación en el centro de sus atenciones. La luz comenzó a brillar después de la larga tempestad... A los diez años, los resultados aparecieron, y a los veinte años todos quedaron boquiabiertos.

Los jóvenes ya no renunciaban a la vida. Ya no había suicidios. El consumo de drogas se disipó. Casi no se oía hablar ya de trastornos psíquicos y de violencia. ¿Y la discriminación? ¿Qué es eso? Nadie recordaba su significado. Los blancos abrazaban afectuosamente a las personas de color. Los niños judíos dormían en la casa de los niños palestinos. El miedo se disolvió, el terrorismo desapareció, el amor triunfó.

Las cárceles se convirtieron en museos. Los policías se hicieron poetas. Los consultorios de los psiquiatras se vaciaron. Los psiquiatras se convirtieron en escritores; los jueces en músicos y los fiscales en filósofos. ¿Y los generales? Descubrieron al perfume de las flores, aprendieron a ensuciarse las manos para cultivarlas.

¿Y los periódicos y las televisoras del mundo? ¿Qué noticias daban, qué vendían? Dejaron de vender miserias y lágrimas humanas. Vendían sueños, anunciaban la esperanza...

¿Cuándo se hará realidad esta historia? Si todos soñamos ese sueño, un día dejará de ser sólo un sueño.

Consideraciones finales

Mientras escribía el final de este libro, tuve el deseo de reunirme con algunos maestros del pasado, organizar una cena para ellos y agradecerles. También me motivó a reunirme con mis padres fuera de las fechas conmemorativas y decirles cuán importantes eran ellos para mí. Si usted tiene un deseo semejante, haga lo mismo. Si no valoramos nuestras raíces, no tenemos forma de soportar las tormentas de la vida.

El poético sueño del rescate del valor de la educación, esculpido por la historia de la gran torre, todavía es un espejismo en el desierto social. Aunque la sociedad todavía no despierta, me gustaría terminar este libro haciendo un homenaje a los padres y a los maestros. Este homenaje no es más elocuente debido a mis limitaciones.*

---

* La editorial y el autor permiten el uso del texto de "La gran torre" para su escenificación teatral en las escuelas, con el objetivo de homenajear a los padres y los maestros, siempre que se cite la fuente. *(N. del A.)*

Homenaje a los maestros

A nombre de todos los alumnos del mundo, queremos agradecer todo el amor con el que hasta hoy han tratado a la educación. Muchos de ustedes pasaron los mejores años de su vida, algunos hasta enfermaron, en esa ardua tarea.

El sistema social no los valora en la proporción de su grandeza, pero tengan la certeza de que, sin ustedes, la sociedad no tiene horizonte, nuestras noches no tienen estrellas, nuestra alma no tiene salud, nuestras emociones no tienen alegría.

Agradecemos su amor, sabiduría, lágrimas, creatividad, perspicacia, dentro y fuera del salón de clases. El mundo puede no aplaudirles, pero el conocimiento más lúcido de la ciencia debe reconocer que ustedes son los profesionales más importantes de la sociedad.

Maestros, muchas gracias. Ustedes son maestros de la vida.

Homenaje a los padres

A nombre de todos los hijos del mundo, agradezco a todos los padres por todo lo que hicieron por nosotros. Gracias por sus consejos, su cariño, sus regaños, sus besos. El amor los llevó a correr todos los riesgos del mundo a causa de nosotros. Ustedes no le dieron todo lo que querían a cada hijo, pero dieron todo lo que tenían.

Ustedes dejaron sus sueños para que pudiéramos soñar. Dejaron su tiempo de ocio para que tuviéramos alegría. Perdieron noches de sueño para que durmiéramos tranquilos. Derramaron lágrimas para que fuéramos felices. Perdónennos por nuestras fallas y principalmente por no reconocer su inmenso valor. Enséñennos a ser sus amigos...

Nuestra deuda es impagable. Nosotros les debemos el amor...

Queridos padres y maestros, el tiempo puede pasar y distanciarnos, pero jamás olviden que nadie muere cuando vive en el corazón de alguien. Llevaremos durante toda nuestra historia un pedazo de su ser dentro de nuestro propio ser.

FIN

Bibliografía

Adorno, T. *Educação e emancipação*. Rio de Janeiro: Paz e Terra, 1971.

Cury, Augusto. *Inteligência multifocal*, São Paulo: Cultrix, 1998.

_____. *Revolucione sua qualidade de vida*. Rio de Janeiro: Sextante, 2002.

_____. *Análise da inteligência de Cristo*. São Paulo: Academia de Inteligência, 2000.

Durant, Will. *História da Filosofia*. Rio de Janeiro: Nova Fronteira, 1996.

Gardner, Howard. *Inteligências múltiplas*. Porto Alegre: Artes Médicas, 1995.

Goleman, Daniel. *Inteligência emocional*. Rio de Janeiro: Objetiva, 1996.

Foucault, Michel. "A doença e a existência", en *Doença mental e psicologia*. Rio de Janeiro: Folha Carioca, 1998.

Freire, Paulo. *Pedagogia da Autonomia: saberes necessários à prática educativa*. 7.ª ed. Rio de Janeiro: Paz e Terra, 1998.

Freud, Sigmund. *Obras completas de Sigmund Freud*. Rio de Janeiro: Imago, 1969.

Nietzsche, F. *Humano demasiado humano*. Lisboa: Relógio D'Água, 1997.

Piaget, Jean. *Biologia e conhecimento*. 2.ª ed. Petrópolis: Vozes, 1996.

Platón. "República. Libro VII", en *Obras completas*, edición bilingüe. París: Les Belles Lettres, 1985.

Ricœur, P. *L'homme falible*. París: Seuil, 1960.

Sartre, Jean-Paul. *O ser e o nada*. Petrópolis: Vozes, 1997.

Vygotsky, L. *A formação social da mente*. São Paulo: Martins Fontes, 1987.

Esta obra se imprimió y encuadernó
en el mes de agosto de 2022,
en los talleres de Impregráfica Digital, S.A. de C.V.,
Insurgentes Sur 1425–20, Col. Insurgentes Mixcoac,
C.P. 03920, Benito Juárez, Ciudad de México.